Alexander Ritter

Siegmund Von Hausegger

Die Musik

Herausgegeben von
Richard Strauß

Alexander Ritter

ein Bild seines Charakters und Schaffens

von

Siegmund von Hausegger

Mit 12 Vollbildern, Faksimiles
und Musikbeilagen,
sowie unveröffentlichten Briefen
Richard Wagners
und seiner Familie

Verlag von Marquardt & Co. / Berlin

Die Musik

Sammlung illustrierter Einzeldarstellungen

Herausgegeben von

Richard Strauß

Sechsundzwanzigster und siebenundzwanzigster Band

So eine wahre warme Freude
ist nicht in der Welt, als eine
große Seele zu sehen, die sich
gegen Einen öffnet. Goethe.

er von dem sich um Franz Liszt scha=
renden Kreis der „Weimaraner" spricht,
nennt mit in erster Linie Alexander
Ritter als der Treuesten und Über=
zeugtesten einen. Ihn aber lediglich
etwa als blinden Nachahmer und Epi=
gonen anzusehen, hieße verkennen, daß
die scharf und individuell gezeichneten
Züge seines Charakters sich mit einer klaren Bestimmtheit in
seinen Werken widerspiegeln, welche ihnen ein durchaus
persönliches Gepräge verleiht. Wegen dieses ganz besonders
innigen Abhängigkeitsverhältnisses des Schaffens von der
Persönlichkeit wird es in vorliegendem Falle von erhöhter
Notwendigkeit sein, diese Persönlichkeit, die Welt ihres Dich=
tens und Trachtens vor unseren Augen erstehen zu lassen und
dem Verständnisse zu erschließen, was Ritter mit seinen
Werken wollte, sollen wir diesen selbst gerecht werden.
Wollte, denn ihm galt die Kunst nur als Glaubens=
bekenntnis, als Verkünderin innerster Überzeugung. „L'art
pour l'art" hätte Ritter ebenso abgelehnt, wie ihm die
naive Freude am Schaffen als solchem fremd blieb. Die
Glut der Überzeugung brannte so lichterloh in ihm, daß
sie alle ruhigeren und kühleren Interessen verzehrte. Dieser
Glut entströmte der Hauch, welcher seinen Werken Leben
und Wärme einblies. Und gerade weil diese in so sub=
jektiver und sichtbarer Weise alle Charakterzüge ihres

Schöpfers tragen, wird es uns schwerer, aus ihnen allein
ein einheitliches und leichtfaßliches Bild dieses Charakters
zu gewinnen, so widerspruchsvoll es auch klingen mag.
Denn je objektiver ein Kunstwerk in Erscheinung tritt,
um so rascher wird unsere Phantasie aus den mehr oder
weniger allgemeinen und nicht scharf umrissenen Charakter=
zügen, welche wir zu erkennen vermeinen, uns ein zwar
primitives, aber deshalb übersichtliches Bild seines Schöpfers
gestalten. Hier bei Ritter entrollt das Kunstwerk das
Abbild einer komplizierten Menschenseele in ihren sub=
jektivsten Einzelheiten, für deren Einheit aus dem flüchtig
vorbeirauschenden Eindruck nicht das erschöpfende Ver=
ständnis gewonnen werden kann. Damit sei nicht gesagt,
daß Ritters Kompositionen sich in ihrer künstlerischen
Wirkung nicht selbst genügten und erst eines erläutern=
den Hinweises, etwa biographischer Art bedürften; wir
werden im Gegenteil an unserem Künstler gerade zu be=
wundern haben, wie ihn sein intuitives Empfinden stets
davor bewahrte, der Absicht die Herrschaft einzuräumen.
Allein, um mit einem Blick die Gesamtpersönlichkeit um=
fassen zu können, muß erkannt werden, wie bei Ritter
Absicht und Intuition, Empfindung und Reflexion kaum
zu trennen sind, weil sein Schaffen durch den engsten und
offenkundigsten Zusammenhang mit seiner Gedankenwelt
von vornherein sowohl in seiner Art wie in seinen Grenzen
bestimmt war, weil ihm mit voller Absichtlichkeit ein Ziel
gesetzt war, das allerdings in keiner Weise das unmittelbar
schöpferische Moment beeinträchtigte, da es letzten Endes
dem intuitiven Wunsche nach einheitlicher Entäußerung
der Persönlichkeit in Kunst und Leben entsprach.

Ritters ganzes Wesen wird durch einen fast unge=
stümen Glaubensdrang beherrscht. Einer Sache mit vollem
Glauben dienen zu können, erscheint ihm als Lebensmission.
Deshalb gilt sein erster Blick nicht der Außenwelt, um
sie mit allen Sinnen zu erfassen, sondern einem Ideale,
dem er seine Dienste weihen könne. Aus dem Reiche
seiner Gedanken und Träume schafft er es, und hofft,
es in der Welt wenigstens teilweise verwirklicht zu sehen.
Als er aber zu bald gewahr werden muß, daß das Leben
sein Ideal nicht bestätigt, sondern es in rauher Berührung
bekämpft, daß ihm die nüchterne Welt des Tages Er=
füllung dessen versagt, was sich seinem inneren Auge
als einzig realer Gehalt des Lebens darstellt, da bleibt
sein nach dem Großen und Außergewöhnlichen suchender
Blick an den beiden Gewaltigen haften, die ihm als Ver=
körperung genialer Urkraft und menschlicher Größe er=
scheinen: Wagner und Liszt. Für ihre Sache zu
kämpfen und, wo es gilt, sein ganzes Wesen in die Wag=
schale zu werfen, ist für ihn fortan Gebot. Seine starke
Sehnsucht, sich im Glauben restlos hinzugeben, findet
hier ihr Genügen. Wurden manche von den „Umstürz=
lern", im Innersten konservativ, von den hochgehenden
Wogen der durch Wagner und Liszt entfachten Geistesrevo=
lution halb widerwillig mitgerissen, so gehört ihr Ritter der
Natur seines Denkens und Empfindens nach an; seiner Art
ist es angemessen, sich der wilden Brandung zu vertrauen.
Niemals sucht er neutralen Boden, um in seiner Hut unge=
stört Sonderbestrebungen auf dem Gebiete seines Schaffens
und Wirkens pflegen zu können, sondern immer ist er dort
zu finden, wo der Kampf am heißesten tobt.

Auch sein Schaffen erschien ihm nicht als Selbstzweck, sondern als Mittel zur Aussprache seiner Überzeugung. Diese aber war keineswegs blinder Fanatismus; so sehr sie den Charakter des Glaubens angenommen hatte, so scharf und klar durchdachte Ritter sein Evangelium und wußte es so der Mitwelt gegenüber nicht nur mit der Kraft des Enthusiasmus, sondern auch mit der Besonnen= heit des Gedankens zu predigen. Eines freilich fehlte dieser impulsiven Natur: jene Weltklugheit, welche die Mittel an die Hand gibt, persönliche Interessen zu ver= folgen und die Mitmenschen als Werkzeuge egoistischer Zwecke zu gebrauchen. Deshalb waren ihm äußere Ehrung und rauschender Erfolg nur spärlich beschieden, um so reichlicher aber Zurücksetzung, Kränkung und jene passive Opposition der Eigensucht gegen seinen von sich wie von Andern stets das letzte Opfer für die Sache fordernden Idealismus.

Daß Ritters Schaffen im Umgang mit den beiden übermächtigen Genien nicht erdrückt wurde, verdankt er der richtigen Einsicht, daß man sich nicht Selbständigkeit erwirbt, indem man den Großen der Zeit aus dem Wege geht und ängstlich eine Mauer rings um seine Persön= lichkeit zieht, sondern gerade dadurch, daß man die Höhen= luft, welche den Genius umweht, in vollen Zügen ein= atmet, um aus ihr eine Kraft zu schöpfen, die alles Schlummernde im eigenen Busen weckt und zu selb= ständigem Leben erstehen läßt. Dadurch wurde Ritter befähigt, nicht in einer sklavisch nachgeahmten Manier, sondern im Geiste jenes Dioskurenpaares zu schaffen. Konnte er sich auch der Einsicht nicht verschließen, daß

den gewaltigen Werken und Reformen eines Wagner
oder Lifzt gegenüber das Interesse an seinen Werken
zurückbleiben mußte, so ließ ihn die schöne Bescheidenheit
eines lauteren Charakters die Grenzen, aber damit auch
die Weite seiner Begabung klar erkennen. Niemals war
er so verblendet, mit den Größten Schritt halten zu
wollen und die Schuld an seinem Zurückbleiben den
rascher voranschreitenden zu geben. Es ward ihm offen=
bar, daß nicht nur der Jahrhunderte beherrschende Genius,
sondern auch das Talent, bei dem sich Beanlagung und
Charakter in glücklicher Weise verbinden, eine volle Er=
füllung bedeuten und eine individuell umgrenzte Stellung
einnehmen könne, sofern es nur verstehe, bei genauer
Innehaltung der gezogenen Schranken die ihm eigen=
tümliche Art zur letzten erreichbaren Intensität zu steigern
und zu vertiefen. Auf diesem Wege sehen wir Ritter
zielbewußt und unbeirrt vorwärts schreiten und nicht nur
menschlich, sondern auch musikalisch zu der markanten, in
der Konsequenz ihrer Überzeugung, wie in dem von glühen=
dem Enthusiasmus erfüllten Schwunge ihres Schaffens so
anziehenden und verehrungswürdigen Persönlichkeit heran=
wachsen, die wir in ihm als einem Hauptvertreter
der Programmusik im Lifztschen Sinne, als
einem der hervorragendsten Baumeister des mo=
dernen Liedstiles und als Schöpfer des humo=
ristischen deutschen Einakters bewundern und lieben.

 lexander Ritter entstammte einer angesehenen Kaufmannsfamilie, welche, ihre Abkunft aus dem Dithmarschen herleitend, sich in Lübeck niedergelassen hatte, bis ihr der Unternehmungsgeist Sebastian Ritters im 17. Jahrhundert die ostrussische Stadt Narwa, unweit Petersburg, als neue Heimat anwies. Auch dort, wie in Deutschland, gelangte das Geschlecht bald zu Ansehen und Wohlstand. Der Vater des Komponisten, Karl Ritter (geb. 1788), nahm eine hervorragende Stellung in der deutsch=russischen Handelswelt ein. Als am 27. Juni 1833 Alexander das Licht der Welt erblickte, da mochte wohl der Vater gehofft haben, auch in ihm einen tüchtigen Kaufmann heranwachsen zu sehen; daß aber Sascha (so wurde er im Hause genannt) der auf das Reale gerichteten Tradition seiner Väter untreu werden und mit vollen Segeln dem Lande der Phantasie entgegen= steuern werde, erfuhr der Vater nicht mehr; er starb, als der Knabe im Alter von sechs Jahren stand. Doch von seiner Seite wäre auch kaum ein großer Widerstand ge= gen die Wünsche und Ideale Saschas anzunehmen ge= wesen, da er selbst sehr musikliebend war und sich mit Vor= liebe in freien Phantasien am Klavier erging. Auch hätte Sascha einen warmen Anwalt an seiner Mutter, Frau Julie, gefunden, welche — der Hamburger Familie Momma, zu deren Verwandten Claudius, der Dichter des Wandsbecker Boten, gehörte, entstammend — der Kunst ebensolche Liebe wie tiefes Verständnis entgegen= brachte. Sie war es wohl auch, welche den Sinn Saschas,

wie den seines älteren Bruders Carl Gottfried zur
Musik lenkte. Es mag für sie keine leichte Aufgabe ge=
wesen sein, nach dem Tode ihres Gatten die Erziehung
der beiden sehr temperamentvollen und frühzeitig geweck=
ten Knaben zu übernehmen, die einen lebhaften Kontrast
zu dem sinnigen und sanften Wesen ihrer Schwestern
Emilie, Julie und Alexandrine bildeten. Der Ein=
fluß der Mutter mußte für Sascha umso tiefergehend
werden, als seine Art der ihren durchaus verwandt war.
Wie diese seltene und tief angelegte Frau aus ihren Briefen
vor uns ersteht, erkennen wir Zug für Zug das Bild
ihres Sohnes. Ihre Erziehung konnte von vornherein
sicher den richtigen Weg einschlagen, denn es galt nur,
was im Knaben noch schlummerte, in ihr aber bereits zu
klarer Gestaltung herangereift war, zu wecken, nicht aber,
ihm irgend etwas Fremdes aufzuzwingen. Der träumende,
nach innen gerichtete Blick des Kindes ersah zum erstenmal
die Märchengestalten einer Idealwelt, wenn es zu Füßen der
Mutter ihren Erzählungen Grimmscher Märchen lauschte.
Und unverlöschbar lebt der Zauber dieses Wunderreiches,
das ihm in seliger Kinderzeit die Mutter gewiesen, im
Herzen des Mannes fort. In späten Jahren noch singt er:

„Hier unter der Linde
Saßest du abends mit deinem Kinde.
Ich barg das Haupt in deinem Schoß,
Und dir von den Lippen floß
Geheimnisvolles Raunen
Von Märchen und Sagen
Aus früheren Tagen.
In seligem Staunen
Schloß ich das Auge,

Daß beſſer es tauge —
Nach innen gerichtet —
Was du geſagt und gedichtet,
Mit wonnigem Grauen
Zu ſchauen.
Wie ſchwand da all trübſelig Wähnen
Dahin in drängendem Sehnen!
Wie mußte ich heiß da entbrennen
In ſelig-ſüßem, hellen Erkennen!
Dein Raunen ward zum Singen
Umrauſcht von Harfenklingen —
Ein Wunderreich war mir erſchloſſen,
Von Flammen der Liebe erhellt,
Verklärung ſah ich ergoſſen
Über die Welt. —
Da beugteſt du dich zu mir nieder
Und auf die geſchloſſenen Lider
Küßteſt du mächtigen Zauberbann,
Daß nie ich wieder ſie öffnen kann! —
Nun zieh ich, ein Blinder, durchs Leben dahin,
Seh nicht, was andre müht,
Doch bleibt mir zu heilig-hehrſtem Gewinn
Was nie ſich ein offnes Auge erſieht!"

                    („Der faule Hans.")

Blind und verſtändnislos für das eigenſüchtige Getriebe
der Welt um ſie her, zog auch des Künſtlers Mutter
durchs Leben. Was man Beobachtungsgabe nennt, war
nach ihrem eigenen Geſtändnis mangelhaft entwickelt. Gedanken und Werke großer Männer, Strömungen des um
ſie flutenden Geiſteslebens, die den Anbruch neuer Zeiten
zu verraten ſchienen, klar zu erfaſſen, in der Geſchichte
des Menſchengeſchlechtes dem Werdegang weltbewegender
Ideen nachzuſpüren, dem galt ihr höchſtes Trachten. In
dieſem Sinne iſt es zu verſtehen, wenn ſie ſchreibt: „Wie

kann man an der lebendigen Geschichte des Menschen=
geschlechtes nicht teilnehmen, wenn man selbst Mensch ist".
Dieses „Mensch sein" hieß ihr nicht die naive Freude
am Dasein, sondern sich in den Dienst der höchsten ethi=
schen Zwecke der Menschheit stellen. Das Gefühl der
sittlichen Pflicht durchdrang ihr ganzes Bewußtsein. Dieser
Pflicht solle sich alle Lebensbetätigung unterordnen. Auch
die Kunst verfolge eine ethische Tendenz. Ja, ihrem Sohne
ruft sie ermahnend zu: „Ob Eure Kunst in Euch zu
hoher Vollkommenheit gedeiht, ist am Ende nicht Haupt=
sache; wenn Ihr, soviel Ihr vermögt, Eure Mitarbeiter
in der Kunst auf den rechten Weg aufmerksam macht,
so habt Ihr auch für die Welt das Eurige getan, und
wenn es Euch auch nur bei sehr wenigen gelingt, ihnen
das Verständnis zu öffnen, so habt Ihr viel getan!"
Also nicht das Interesse an der Kunst als solcher soll
genügen, es könne sogar zurücktreten, wenn nur ihr höherer
ethischer Zweck gewahrt werde. Fast könnte man sagen,
solche Kunstauffassung laufe letzten Endes allzusehr auf
ein Diesseits von Gut und Böse hinaus. Man könnte
von Einseitigkeit einer konsequent durchdachten Überzeu=
gung, gewiß aber nicht von Unklarheit sprechen. Unklar=
heit liebte diese Frau so wenig im Denken, wie im Leben.
„Um sicher durchs Leben zu gehen, ist das erste Erfordernis,
seine Lage fest ins Auge zu fassen und nichts so zu vermei=
den, als Täuschungen und Unklarheit." So sehen wir ihre
Anschauungen streng und fast starr, ihr Gefühlsleben warm=
herzig und mild, ihre Phantasie stets rege und empfänglich.
Die Wesensverwandtschaft von Mutter und Sohn noch
mehr als die pädagogische Absicht wurde zum wichtigsten

Faktor in Saschas Erziehung; aber auch diese Absicht
war eine weise und von Tiefblick zeugende. Sollte die
Begabung der beiden Knaben für Musik — denn auch
Carls Talent offenbarte sich früh — sich als stark genug erweisen, dann dürfe nicht Zwang, sondern nur
freie Neigung sie den Weg zu ihrer Kunst finden lassen.
Deshalb wurde bei Sascha nicht eher mit einem eigentlichen Musikunterricht begonnen, als in ihm nicht von selbst
der Wunsch, die Geige zu lernen, laut wurde. Auch sonst
waren die Jahre der zarten Kindheit von pedantischem
Schulunterricht verschont geblieben. Erst 1841 wurde die
Ausbildung der beiden Knaben energisch in Angriff genommen. Sie möglichst gründlich zu gestalten, gab die
Mutter ihren Wohnsitz in Narwa auf und ließ sich mit
ihrer Familie in Dresden nieder.

Sein russischer Geburtsort blieb für Ritter immer eine
schöne Kindheitserinnerung, die geistige Heimat aber fand er
in Deutschland — denn deutsch war das Wesen der Ritters
auch in der Fremde geblieben — und so war der Einzug in Dresden mehr oder weniger eine Rückkehr ins
Vaterland. Für Ritters ferneren Werdegang wurde in
dieser Stadt der sichere Grund gelegt, sowie auch alle
Persönlichkeiten, welche auf sein Geschick bestimmenden
Einfluß gewinnen sollten, hier zum erstenmal in sein Leben traten: seine Leitsterne Wagner und Liszt, Hans
von Bülow, mit dem ihn hinfort treue Freundschaft
verband, endlich seine zukünftige Gattin, Franziska
Wagner. In einen späteren Lebensabschnitt Ritters
bedeutungsvoll einzugreifen, war einzig Richard Strauß
berufen. Es ist, als ob auch der äußere Gang des Schick-

sals darauf hinweisen wollte, wie Dresden das Präludium zu Ritters Leben darstellte, in welchem schon alle
Hauptthemen gegeben waren. Die späteren Jahre brachten
ein konsequentes Ausbauen und Bereichern des damals Gewonnenen, aber nichts eigentlich Neues, Fremdes trat hinzu,
die Tonart war durch das Präludium bestimmt. Und die
Einheit der Tonalität — um den Vergleich weiter auszuführen — wurde stets gewahrt, niemals unterbrach sie ein
nervöses und unmotiviertes Modulieren in fernab liegende
Gebiete. Das hatte Ritter mit unseren großen deutschen Dichtern und Denkern gemein: Schlichtheit bei allem Reichtum.

Saschas Violinlehrer hießen Schumann und Franz
Schubert. Letzterer war zweiter Konzertmeister der
Dresdner Hofkapelle. Aber nicht zum einseitigen Musiker
sollte der Knabe erzogen werden. Dies würde schlecht
mit dem Idealbild eines Künstlers, wie es der Mutter
vorschwebte, übereingestimmt haben; nicht um einen Brot-
erwerb handle es sich beim Künstlertum, sondern um
eine Mission, die nur auf Grund allgemeiner Bildung
ausgeübt werden könne. Mit Recht weist Friedrich Rösch*)
nachdrücklich auf die Bedeutung der humanistischen Vor-
bildung hin, welche Ritter genoß. Gerade für ihn, der
seine künstlerischen Anregungen aus dem Reiche der Ideen
schöpfte, war es besonders wichtig, daß diese Ideen zu
allererst durch die humanistischen Studien teils gegeben,
teils vorbereitet wurden.

---

*) Dessen vortreffliche, mit warmem Verständnis für die Per-
sönlichkeit Ritters geschriebene, im XXIX. Jahrgang des Musikalischen Wochenblattes erschienene Artikelfolge „Alexander Ritter.
Ein Mahnruf als Gedenkblatt" mir mit als Hauptquelle diente.

Seine Gymnasialzeit führte Ritter auch mit Hans
von Bülow zusammen. Das Trifolium Sascha, Carl
und Bülow schloß sich in der Folge eng aneinander. Die
erste Annäherung fand, vorbedeutend genug, unter dem
Zeichen Liszts statt, welcher im Jahre 1841 ein Konzert
gab, in dem sich die drei Knaben kennen lernten. Bald
hatte sie ein erneuter Gegenstand gemeinsamer Begeiste=
rung noch inniger verbunden: Richard Wagner leitete
die allgemein mit höchster Spannung erwartete Erstauf=
führung seines „Rienzi" am 20. Oktober 1842. Daß
der damals neunjährige Sascha von den Wogen der Be=
geisterung mitgerissen wurde, kann wohl noch nicht als
Zeichen eines selbständigen Eindrucks gelten, wohl aber,
daß er, sowie Carl und Bülow, sich durch den bei wei=
tem schwächeren Erfolg des „Fliegenden Holländers", der
am 2. Januar 1843 gegeben wurde, nicht irre machen
ließen, sondern treu zu ihrem Meister standen. Was aber
auch hier noch mehr kindlicher Enthusiasmus einer ge=
sunden und leidenschaftlich empfindenden Begabung war,
klärte sich zu bewußtem Verständnis und einer fürs Le=
ben vorhaltenden Wirkung, als Sascha in der Saison
1845—46 den „Tannhäuser" nicht weniger als 19 mal
unter Wagners eigener Leitung hören durfte, sei es im
Theater, sei es, wenn keine Karte erhältlich war, durch
die Tür des Korridors. Die Erinnerung an diese Auf=
führungen blieb Ritter so fest im Gedächtnis haften, daß
sie ihm in allen Einzelheiten noch in spätesten Jahren mit
unverminderter Frische zu Gebote stand. So war es das
musikalische Drama, die Verbindung von Dichtung und
Musik, deren übermächtige Offenbarung Ritter zuerst

einen ahnungsvollen Blick in das Wesen der Kunst tun
ließ. Die Musik durch das Medium der Dichtung zu
tönendem Leben erweckt, so hat sie Ritter späterhin, als
seine Persönlichkeit sich voll entwickelt hatte, verstanden
und empfunden. Diese Auffassung entsprach seinem Ge=
fühle, das Leben und Nahrung aus der Welt des Ge=
dankens gewann.

In den folgenden Jahren kam noch ein Ereignis hin=
zu, welches das ganze musikalische Deutschland in Auf=
ruhr brachte: An den Palmsonntagen der drei Jahre
1846, 47, 49 veranstaltete Wagner jene denkwürdigen
Aufführungen der Neunten Symphonie, welche bestimmt
waren, das durch akademische Ledernheit halb erstickte
Werk zu neuem Leben zu erwecken. Sascha wohnte den
ersten beiden Konzerten als Zuhörer, dem letzten sogar
als Mitwirkender bei. Blitzartig fiel ein Licht auf eine
ihm früher fast unbekannte Erscheinung: der Riese Beet=
hoven stand vor ihm. Doppelte Förderung mußten Rit=
ter diese Konzerte bringen. Die Bedeutung des größten
Symphonikers ward ihm durch die Kongenialität Wag=
ners erschlossen; die programmatische Erläuterung aber,
welche dieser der Aufführung mit auf den Weg gab,
zeigte Ritter einen neuen, wenngleich loseren Zusammen=
hang zwischen Musik und Gedankenwelt. Die dichterische
Deutung erwies sich als geeignet, das tiefste Wesen eines
bis dahin für unverständlich gehaltenen Werkes der ab=
soluten Musik zu enthüllen. „Das Rätsel jener musika=
lischen Sphinx konnte eben einzig nur ein wahrhaft
dichtender Musiker lösen." (Fr. Rösch.) Wie von selbst
war dem jungen Kunsteleven dadurch das Verständnis

erwacht für die Notwendigkeit, mit der Beethoven im letzten Satze zum befreienden Wort gelangte.

Wie fieberhaft muß des Jünglings freudige Erregung gewesen sein, als Konzertmeister Schubert das Kleeblatt Meister Wagner, vermutlich im Jahre 1846, persönlich vorstellte. Wagner schien schon damals Interesse und Neigung für die drei Knaben bekundet zu haben, denn Saschas Bruder konnte es wagen, ihm Kompositionen Bülows zur Beurteilung vorzulegen. Und im Januar 1849 betrat Wagner zum erstenmal das Rittersche Haus, wo ihm ein Quartett Carls vorgespielt wurde. Es sollte auch das letzte Mal sein, denn schon im Mai darauf verließ er Dresden als Flüchtling.

In Frau Julies Gemüt stand von da ab der Glaube an Richard Wagner unerschütterlich fest. Doch bei der bloßen Begeisterung wollte sie es nicht bewenden lassen. Es erschien ihr als heilige Pflicht, den Genius, soweit ihre Kräfte reichten, von den drückenden Sorgen des Alltags zu befreien, damit er in voller Unabhängig= keit seinem Schaffen leben könne. Sie unternahm es deshalb, Wagner finanziell beizustehen, und führte dies Vorhaben durch Jahre, auch in Zeiten eigener Verluste, durch. Wie nachhaltig der Eindruck dieser hochstehenden und von ihrer Familie fast mit einer gewissen Scheu verehrten Frau auf Wagner war, trotzdem er nur Ge= legenheit zu flüchtigster persönlicher Bekanntschaft gefun= den hatte, geht aus seinem auf das nachdrücklichste geäußerten Wunsch hervor, Frau Ritter möge mit ihrer ganzen Familie zu ihm in die Schweiz ziehen. Er schreibt:

„Meine hochverehrte, liebe Frau!

Von hier aus endlich darf ich wissen, wie ich es anzufangen habe, um Ihnen zu schreiben. Hier ist es mir endlich vergönnt worden, mit hellen, offenen Augen zu sehen, was ich bisher nur in unbestimm=tem, wenn auch unendlich wohltuenden Gefühle zu erfahren streben konnte. Ein Glied jener Kette, die sich wie ein schöner Zauber um mich geschlungen hat, habe ich jetzt deutlich erkennen dürfen, und von diesem Gliede vermag ich zu meiner beseligendsten Freude auf alle Glieder der Kette zu schließen. Unsere Freundin Jessie Laussot habe ich endlich kennen gelernt und durch diese Erkenntnis ist mir nun die unbezwing=liche Sehnsucht erweckt worden, Sie und alle die Ihrigen zu meinem höchsten Glücke ebenso deutlich, klar und gewiß kennen zu lernen.

Noch schweben Sie mit den Ihrigen, trotz aller Freude meines Herzens an Ihnen, mir nur wie ein Bild vor: es martert mich völlig, die Farben dieses Bildes in einer gewissen Unbestimmtheit durcheinander fließen zu sehen. Nichts kann ich deutlich festhalten, als das entzückende Gefühl des Bewußtseins, Ihnen teuer zu sein: so beseligend dies Gefühl aber sei, so ist es doch jetzt nicht frei von aller Pein, denn — die Trennung lagert zwischen uns. Es ist unmöglich, daß Sie in mir nur den Künstler lieben, so wie es mir unmöglich ist, in Ihnen nur meine Wohltäter zu verehren. Zwischen uns flattert ein Band, das sich nur dadurch fest knüpft, daß wir uns — als

Menschen lieben. Wir müssen uns sehen — Auge
in Auge — bei der Hand fassen, miteinander leben,
nicht nur im allgemeinen uns an uns freuen, sondern
in jeder Einzelheit unseres Lebens gegenseitig an uns
teilnehmen, traurig und freudig, weinend und lachend
— wie es nun eben sein muß. Kennen Sie eine
andere Liebe? Unmöglich! Denn es gibt nur eine
Liebe. Oder liebten Sie mich nur so oder so? Das
wäre schlimm, denn dann könnte ich Ihnen für den
Teil von Liebe, den Sie mir schenkten, nie mit Er=
widerung danken: nur deswegen habe ich so wenig
Freunde, weil ich nur ganz lieben kann. Aber Sie
lieben mich nicht halb: nein! ich sehe und weiß, daß
Sie mich mehr lieben, als ich Einsamer je hoffen
durfte, in diesem Leben noch geliebt zu werden;
deshalb — sei denn auch die Frucht oder der Genuß
unserer Liebe ganz: heben Sie die Trennung auf,
seien Sie mir nahe, ganz nahe — da ich Ihnen
sonst fern bleiben muß!

Ich bin heute zu voll, um bedachtsam von Einzel=
heiten mit Ihnen reden zu können: ich bringe Ihnen
nur Ausrufe zu. An Ihren Verstand kann ich
mich heute noch nicht wenden, nur an Ihr Herz.
Nur eines weiß ich: alle Beschlüsse unseres Ver=
standes, denen unser Herz nicht seinen vollen, warmen
Atem einhauchte, sind willkürlich und unersprießlich:
die Erfolge solcher Beschlüsse können uns unmöglich
je beglücken — sondern sie sind in Wahrheit die
Quelle aller unserer unerlösbaren Leiden. Wer aber
lehrte Sie, mich so zu lieben, als ich Glücklicher es

inne werden darf? Gewiß nur der unwillkürliche
Zug Ihres Herzens! Folgen Sie ihm ganz, und da
ich nicht in Ihrer Nähe sein darf, so kommen Sie
in allernächste Nähe zu mir! Nennen Sie es nicht
Übermut und Anmaßung von mir, Sie alle — denn
Sie alle meine ich — mir nachziehen zu wollen;
bedenken Sie vielmehr, daß die Kraft, Ihnen zu
genügen — ja Sie zu beglücken — wie ich sie mir
kühn zutraue, mir nur aus Ihrer Liebe zu mir, aus
meiner Liebe zu Ihnen kommt. — Weisen Sie mir
aber die Fähigkeit zu, diese Kraft meines Lebens zu
entfalten und sie zur langandauernden, erfreuenden
Tat für Sie zu verwenden: nur Sie können mir diese
Fähigkeit geben, wenn Sie mir nahe, ganz nahe
sind, — wenn ich so als ganzer Mensch, wie ich bin,
mich Ihnen geben kann.

K o m m e n   S i e   z u   m i r   i n   d i e   h e r r l i c h e
S c h w e i z !

Dies ist heute alles, was ich herausbringe! O,
stünden Sie vor mir, könnte ich Sie erfassen und
aus vollem Herzen laut Ihnen zurufen! — Doch
— ich denke auch nach — und in wenigen Tagen
will ich Ihnen auch sagen, was alles für die Erfüllung
meines Seelenwunsches spricht. Seien Sie gegrüßt,
teure Frau! Grüßen und küssen Sie die Ihrigen
— die Meinigen — von Ihrem frohen

Richard Wagner."

Bordeaux, 22. März 50.

Der Erfüllung dieses Wunsches trat Frau Ritter ernst-
haft nahe, doch waren die Schwierigkeiten eines derartigen
erneuten Wechsels des Aufenthalts zu groß, als daß sie
sich hätten überwinden lassen. Mit Schmerzen gedachte
Ritter noch in späten Jahren, welch unvergleichlicher Gewinn ihm durch das Aufgeben des Projektes, in einer
Stadt mit dem großen Manne zu leben, entzogen wurde.
Denn war es ihm auch später vergönnt, dem Meister
nahe zu treten, so wäre dessen Einfluß doch gerade für
den Jüngling von unschätzbarster Bedeutung gewesen.

Zu einem flüchtigen Besuch aber in Villeneuve entschloß sich Frau Ritter, von ihrer Tochter Emilie begleitet. Daß wenigstens ein solcher wiederholt werden
möge, war Wagners immer wieder ausgesprochener
Wunsch. Wie schwer mag es für Frau Ritter gewesen
sein, der Versuchung zu widerstehen, wenn sie erfuhr,
welchen Wert Wagner auf ihre Anwesenheit bei der von
ihm selbst zu leitenden Aufführung des „Fliegenden Holländer" legte. Ein darauf bezüglicher Brief vom 4. April
1852 bekundet zugleich den zartesten und sinnigsten Ausdruck des Dankes, welchen seine hilfreiche Freundin ernten
konnte. Mögen dies seine eigenen Worte bekunden.

„Liebste Frau!

Jetzt kann ich Ihnen einmal wieder schreiben.
Das Bedürfnis danach fühlte ich lange, und lange
zögerte ich, es zu stillen, weil ich Sie — mit keiner
trüben Stimmung belästigen wollte; wenn ich trüb
bin, weiß ich, daß Sie meine Mitteilung nicht be-
dürfen, um mir Ihr Mitgefühl zu widmen. —

Nun ist bei mir einmal wieder Auferstehung: die
Natur erwacht und ich erwache mit ihr aus winter=
lichem Mißmute. Uhlig, der arme Gute, mußte jede
üble Laune von mir erfahren: sein treues Aushalten
ist mir von neuem wert geworden; ab und zu wird er
Ihnen mitgeteilt haben, wie es in mir aussah, gewiß
aber hat er Ihnen immer meine Grüße ausgerichtet.
Jetzt weicht mir die Schwermut allmählich und es
ist mir, als ob wieder die Flut eintreten sollte: so
mache ich mich denn auch dran, Ihnen zu schreiben.
Meine Auferstehung habe ich bereits gefeiert: der
vollständige Entwurf zu meinem großen Vorspiel
ward in diesen Tagen fertig, und der kommende
Sommer soll meine ganze große Dichtung vollendet
sehen. — Wissen Sie, was mich von neuem wieder
flott machen half? Wundern Sie sich nicht! — es
war die von neuem deutlich wieder erkannte Un=
möglichkeit, mit unserer heutigen Welt Verträge ab=
zuschließen! Nur wenn ich darüber wieder ins
Schwanken gerate, wenn ich zu neuen Versuchen
gedrängt werde, unsern Zuständen etwas Erquick=
liches abzugewinnen, dann — wenn ich mir oft den
Anschein der besten Hoffnung gebe — peinigt mich
das Gefühl der Selbstbelügung, die ich übe. So war
es z. B., als ich mich diesen Winter einmal in die
Brendelsche Zeitschrift mischte; ferner, als mich der
unerwartete Erfolg des „Tannhäuser" in Schwerin
mit schmeichlerischen Aussichten erfüllen wollte. Wie
ich jetzt mit größter Heiterkeit meinen Irrtum in
bezug auf jene Zeitschrift einsehe, hat mich eine

neuliche Erfahrung von seiten der Leipziger Theater=
direktion auch über den andern Punkt wieder ins
Klare gebracht. Diesen letzteren Fall teile ich an
Uhlig mit: von ihm lassen Sie sich ihn erzählen. —
Habe ich dem eigentlichen Publikum wieder von
neuem den Rücken gewandt, so habe ich dafür von
neuem wieder die Freude gewonnen, an einzelnen
gefühlvollen Menschen mir Trost zu erholen. Herwegh
— wohl der einzige Mann, dem ich mich bis zur
vollsten Sympathie verständlich machen konnte, bat
mich inständig, ihm doch die Tannhäuser=Duvertüre
aufzuführen: ihm zu Liebe überwand ich meine Ab=
neigung gegen dies Unternehmen, bot alles auf, um
die Schwierigkeiten desselben zu überwinden und
brachte so — immer das Auge auf Herwegh —
eine Aufführung zustande, die mich endlich selbst
überraschte und ungemein erfreut hat. Die Wirkung
davon war ungeheuer, und sie hat mir plötzlich,
wie durch Sturm, Herzen geöffnet, deren matter
Schlag mir bis dahin ganz gleichgültig sein mußte.
Daß ich namentlich Frauen meine, versteht sich von
selbst, denn unsere geschäftlichen Männer müssen
mir nun einmal albern erscheinen, mögen sie sich
geberden, wie sie wollen. So bestimmten mich einige
Befreundete, denen ich eben ins Auge sehen konnte,
auch dazu, ihnen nun den „Fliegenden Holländer"
vorzuführen, und ich zweifle nicht daran, daß —
wie es bei jener Duvertüre ging — mir nun auch
diese Vorführung gelingen werde, denn ich habe
den rechten Trieb und somit auch den Glauben da=

zu. — Glauben Sie nun wohl, daß sich mein Trieb
steigern und mein Glaube wachsen würde, wenn
— auch Sie mit zu denen gehörten, auf die ich
mein Auge wenden dürfte, wenn ich mein Werk
vorführe? Glauben Sie nicht, daß, wie Sie mich
freudig anregen würden, ich auch Ihnen wahre
Freude machen könnte, wenn Sie endlich zu mir
kommen wollten?

Ich — kann nichts schaffen, wenn ich niemand
habe, dem ichs mitteilen soll und mag: Sie —
aufrichtig gesagt — haben dort, wo Sie weilen,
niemand, der Ihnen das mitteilen kann, was ich
vermag: — sehen Sie, so gehen wir beide durch
unsere Trennung leer aus: wären Sie hier, ich
wollte und könnte Ihnen manche Freude machen,
von der Sie, ich sage es kühn, dort keinen Begriff
haben. Meine Aufführungen Beethovenscher Werke
gelingen mir hier bei weitem mehr, als es noch in
Dresden der Fall war: denn ich habe hier schon
größere Freude am Schaffen, als ich sie dort
hatte. Wüchse nun die kleine Zahl, denen ich dabei
mit Freude ins Auge sehen könnte, auch was ich zu=
tage bringe, würde wachsen: ich und andere würden
glücklicher sein. Aber — ins Auge müssen wir uns
sehen können; der Haufe existiert für mich nicht!

Auch dann — gerad herausgesagt — würde ich
meine Abhängigkeit von Ihrer Güte erst mit voller
Freude wahrzunehmen haben. Sie allein machen
mir, was ich jetzt schaffe, möglich, weil Sie allein
es mir ermöglichen, daß ich unabhängig schaffen

kann. Durch Ihre Hilfe brauche ich nicht ums Geld
zu arbeiten, und dies allein macht, daß ich über=
haupt arbeiten kann: nur Sie bewirken es, daß ich
z. B. den Fliegenden Holländer hier aufführen kann,
denn durch Sie darf ich jedes Honorar verschmähen
und dadurch einzig in die Stellung geraten, die ein
solches Unternehmen möglich macht — die Stellung
des vollkommen Unabhängigen, nur für die Sache
selbst Besorgten. Glauben Sie, daß dies lange so
bleiben dürfte, wenn Sie fern von mir bleiben?
Wahrlich, nein! denn ich weiß, Sie müssen endlich
die notwendige Wärme für mich verlieren; die Opfer,
die Sie mir bringen, müssen für Sie mit der Zeit
immer mehr das Wesen einer bloßen edlen Pflicht
annehmen; das Liebevolle in unserem Verhältnis
muß endlich einer kälteren, bloßen Besorgtheit um
mich Platz machen. Ich muß Ihnen endlich einmal
entsagen, wenn unser Verhältnis sich durch die
Nähe nicht immer neu beleben kann. — Bedenken
Sie: — Sie bringen mir Opfer, Opfer — die
Sie mir unmöglich machen, Ihnen zu erwidern!
Daß ich nicht von einer Erwiderung in trivialem
Sinne spreche, wissen Sie: ich meine die Erwide=
rung, die das Opfer aufhebt, und zwar das liebe=
volle Opfer, wie es gemeint ist. — Ach, wüßten
Sie, was wir ermöglichen könnten, wenn wir zusammen
wären! Genug hiervon! ich will nicht prahlen!"
Nun folgt eine längere Erzählung über eine mit Glück
angewandte Wasserkur, deren Heilkraft auch ihr Sohn
Carl versuchen solle. Wagner fährt dann fort:

„Und Sie? Am 20. April ist hier die erste Auf=
führung des Fliegenden Holländer. Das Meer spielt
darin eine große Rolle; wollt Ihr Euch nicht in diese
Fluten tauchen, um doch auch eine Wasserkur durch=
zumachen? Soll ich Euch Plätze besorgen? beizeiten
müßt Ihr mirs sagen, denn — voll wird's, das ist
nun gewiß!

So machen Sie doch einmal einen dummen Streich
— und entschließen Sie sich schnell! Carl soll einen
Abstecher aus Paris machen und den Kieß zum
Holländer mitbringen! —

Sie sehen, ich bin im Zuge, Sturm zu blasen.
Was sage ich noch, um Sie zu locken? Soll ich
Ihnen mein Puppenlogis schildern mit dem sträfli=
chen Luxus, den ich darauf verwandt habe, nament=
lich auf mein Zimmer, in welchem mich ein frecher
Realisationsdrang hingerissen hat, die Phantasien aus
1001 Nacht zu verwirklichen? Gewiß, Sie sollten
staunen und meinen üppigen Flüchtlingsgeschmack
loben! Bald mach ich auch wieder Verse und Ihnen
will ich sie zuerst vorlesen, auch vorsingen, wenn sie
komponiert sind, — was auch noch kommen wird.
Auch mein Peps hat sich ganz gut konserviert und
kann Ihnen unter Umständen Freude machen. —
Meine Frau strahlt in Wonne und Freude, hat
schöne Kleider und viel Freundinnen; nie und nimmer
hat sie einen Winter amüsanter verlebt als den letzten:
das hat sie selbst gestanden. Sollte Sie denn das
nicht auch amüsieren?

Jetzt ist's genug! Vieles hätte ich Ihnen zu sagen;

das soll nun aber mündlich geschehen! — Leben Sie
wohl, liebste Frau: erfreuen Sie mich bald mit Brief
und — Bestellung. Tausend Grüße an Euch Alle
von Ihrem

Zürich, 4. April 52.   Richard Wagner."

Daß es zu diesem Besuche nicht kam, lag hauptsächlich
an Frau Ritters gebrechlichem Gesundheitszustand.

Dieser Frau, welcher durch Wagners Freundschaft ver=
gönnt war, einen tiefen Blick voll innigen Verstehens in
das Leben des um seine Kunst ringenden Genius zu tun,
war Saschas Erziehung anheimgegeben.

Nach Absolvierung des Gymnasiums richtete der Jüng=
ling sein ganzes Streben darauf, Geiger zu werden. Um
dieses Ziel zu erreichen, brachte es der enthusiastische Zu=
kunftsmusiker sogar über sich, im Jahre 1849 ans Leip=
ziger Konservatorium, der Hochburg konservativster Ge=
sinnung, zu gehen, um bei einer ersten Autorität, als
welche Ferdinand David dort wirkte, Violinunterricht
zu nehmen. Sein Meister muß es verstanden haben,
das Interesse des Schülers stets rege zu erhalten, denn
wir vernehmen von raschen, bedeutenden Fortschritten;
ja seine ganze Kraft wurde so einseitig durch die Violin=
studien beansprucht, daß die allerdings herzlich trockenen
Stunden in der Kompositionslehre bei E. F. Richter nur
sehr nebensächlich genommen wurden. Damals lebte in
Ritter noch kaum eine Ahnung seines künftigen schöpfe=
rischen Berufes. Der Lenz sang nicht für ihn; die Not
aber eines innerlich reich und schmerzlich bewegten Lebens
lehrte ihn singen.

ALBERT WAGNER MIT SEINER FRAU (geb. Gollmann) UND SEINEN TÖCHTERN JOHANNA, FRANZISKA UND MARIE.

Nach zwei Jahren hatte Ritter seine Ausbildung bei David vollendet und kehrte nach Dresden zurück. Hier wirkte er zeitweise in der Hofkapelle mit, strebte aber noch nach keiner festen Stellung, um sich desto ungehinderter und eifriger für sich zu Hause seiner Geige widmen zu können.

Wenn der Name Wagner dem jungen Künstler das Heiligste seiner Überzeugung bezeichnete, so sollte er bald auch für den Menschen eine neue, für sein Leben ent= scheidende Bedeutung gewinnen. Im Hause seiner Mutter verkehrte eine Nichte des Meisters, die mittlere der drei Töchter von Wagners Bruder, dem Regisseur Carl Albert Wagner. Ließ schon der Klang des Namens des Jünglings Herz höher schlagen, wie mußte ihn die Erkenntnis beglücken, in Franziska ein Wesen gefunden zu haben, das, dem seinen eng verwandt, es auf das schönste ergänzte. Das Jahr 1852 brachte ihm die Gewißheit, seine Liebe erwidert zu sehen. Der Mutter freudig gegebene Einwilligung ward nur von der Be= dingung abhängig gemacht, daß der erst neunzehnjährige Bräutigam die zwei Jahre bis zu seiner Mündigkeit als Prüfung auf die Dauerhaftigkeit ihrer gegenseitigen Neigung betrachten möge. Am 12. September 1854 führte er Franziska als sein Weib heim.

Wenn er den bewundernden und liebenden Blick auf die beiden Frauengestalten, die ihm die Tiefe weiblichen Wesens erschlossen, richtete, dann konnte Ritter der Gunst des Schicksals aus Innerstem danken. Der Mutter gegenüber galt ihm als höchster Wunsch, mit dem Leben, das sie ihm gegeben, auch ihre Art empfangen zu haben und weiterzubilden, in seiner Gattin aber erkannte er den

harmonischen Ausgleich, dessen seine impulsive Natur in
erhöhtem Maße verlangte. Wo er, im Banne der
Ideen, sich in allzu graue Abstraktionen zu verlieren
drohte, da lenkte ihre liebreiche Gegenwart ihn zu Leben
und Schaffen zurück; wenn die Leidenschaft seiner Ge=
sinnung zu heftigen Ausdruck gewann, so mußte ihre
Anmut und Milde sie in ruhige Bahnen zu leiten;
brachten Enttäuschung und Bitternis einen starren Zug
in sein Gemüt, dann vermochte ihn der Frühlingshauch der
Jugendlichkeit, die ihrem Wesen unzerstörbar innewohnte,
wieder zu lösen. Und um so segensreicher konnte der
Einfluß dieser Frau werden, da sie durchaus von der=
selben Intensität der Begeisterung, sowie von einem, auf
gediegener Bildung und außergewöhnlicher Beanlagung
gegründeten Verständnisse für die Kunst durchdrungen
war. Denn auch sie war ausübende Künstlerin. Das
schauspielerische Talent teilte sie mit ihrer Schwester Jo=
hanna Jachmann=Wagner. Mit 18 Jahren begann sie
ihre an Erfolgen reiche, von reinster Hingebung an die
Kunst geleitete Laufbahn, die sie auch in der Zeit ihrer
Verlobung nicht unterbrach. Ihr wunderbares Organ,
sowie die meisterhafte Deklamation erregten nicht nur
späterhin die Bewunderung Liszts und des um ihn ver=
sammelten Künstlerkreises, sondern waren von tiefgehen=
dem Einfluß auf ihres Gatten Schaffen. Von Franziska
ließ er sich die Gedichte vorsprechen, bevor er an ihre
Komposition ging. Wir werden zu beobachten haben, wie
geradezu ausschlaggebend für Ritters Liedstil seine Sprach=
behandlung ist, und daraus den Maßstab für den Gewinn
entnehmen, welchen er der Kunst seiner Gattin verdankte.

So sehen wir Bande des Gefühls in gleicher Weise,
wie solche innigster geistiger Gemeinschaft zwischen beiden
geknüpft. An allen künstlerischen Plänen ihres Gatten
nahm Franziska nicht nur teil, sondern erst durch ihre
Zustimmung schienen sie ihm die Weihe erhalten zu haben.

Ihr großer Oheim war nach flüchtigem, rein „ver=
wandtschaftlichen" Verkehr mit ihrem Elternhause erst
verhältnismäßig spät auf sie aufmerksam geworden.
Mit welch warmer Sympathie er aber hinfort ihr Schick=
sal verfolgte, beweist sein Brief vom 4. Juni 1850 (ver=
öffentlicht in den „Familienbriefen von Richard Wagner",
Verlag Duncker, Berlin, Seite 162), welcher der jungen
Künstlerin ein fein liebevolles Vertrauen bezeugendes Ge=
leitwort auf ihren Lebensweg mitgibt.

Als es galt, die Frage nach dem Wohnsitz zu ent=
scheiden, da fiel der Blick des jungen Paares auf Wei=
mar, auf Liszt, dessen gewaltige und bezwingende Per=
sönlichkeit wie in einem Brennpunkt alle Geisteskräfte des
musikalischen Jung=Deutschlands in sich vereinigte. So
mußte Weimar als der Parnaß erscheinen, auf dem die
Kunst der neuen Zeit beheimatet war. Liszts Größe
hatte schon der Knabe geahnt, der im Jahre 1844 nach
einem Konzert ebenso enthusiastisch wie mutig ins Künstler=
zimmer geeilt war, um dem Meister die Hände zu küssen
und ihn um seine Handschuhe als Andenken für seine
Schwester Emilie zu bitten. Seitdem stand Sascha das
Bild jenes Genius leuchtend vor der Seele. Seinen
heißen Wunsch, ihm in Weimar huldigen zu dürfen,
konnte er 1852 gelegentlich eines kurzen Besuches er=
füllen. Ein Jahr darauf verkehrte Liszt in Saschas

Elternhaus als im Freundeshause. Seine warme Sym=
pathie für die Familie bewies er nun durch die Tat,
indem er 1854 dem ihm von Bülow angelegentlich emp=
fohlenen Alexander ein Engagement unter den ersten Violi=
nisten des Weimarer Hoforchesters verschaffte. Acht Tage
nach der Hochzeit verließ der junge Künstler die Heimat=
stadt, um an seinem neuen Wohnsitz, an der Seite seines
angetrauten Weibes, den ersten selbständigen Schritt ins
Leben unter dem Schutze des „Familienheiligen der
Ritters", wie Franz Liszt genannt wurde, zu tun.

ls Einundzwanzigjähriger zog Ritter in die Welt hinaus, dem Aussehen und der geistigen Reife nach von allen für viel älter gehalten. Dieser Schritt aus der strengen Schule seiner Mutter in die Öffentlichkeit geschah mit einem Male, ohne Übergang. Vor der Gefahr fruchtlosen Ringens und Irrens, der sonst junge Leute ausgesetzt sind, welche, der Führung entbehrend, aus den ersten Erfahrungen sich selbständig ihre Weltanschauung, oft auf recht unsicherer Grundlage, bilden müssen, ist Ritter dadurch bewahrt geblieben. Als ein in sich abgeschlossenes Vermächtnis empfing er von der Mutter starke und das gesamte Geistesleben in unverrückbare Grenzen zwingende Grundsätze, die fest in seinem Herzen wurzelten; aber die Gelegenheit, diese Grundsätze in einer Übergangszeit, wie sie etwa die Universitätsjahre darstellen— ohne die volle Verantwortlichkeit über sein Tun und Lassen übernehmen zu müssen — in erster Anschauung der Welt erproben und berichtigen zu können, ihnen in erster Berührung mit der nüchternen Wirklichkeit eine gewisse Anpassungsfähigkeit und Beweglichkeit zu verleihen, diese Gelegenheit fehlte Ritter. Ihm, dem jugendlichen Gatten und Vater, mußte es als Pflicht erscheinen, dem Widerstand gegenüber, den er von der Welt erfuhr, kein Schwanken zu zeigen, sondern schon als ein Fertiger gewappnet gegen alle Angriffe dazustehen, als in seinem Innern alles noch in Gärung war, als ihm Reife eigenen Wesens schien, was Reife der in ihn verpflanzten Grundsätze war. Nicht an einer durch äußere Erfahrung bedingten Auswahl und

Modifizierung dieser Grundfätze, sondern an ihrer uner=
schrockenen Betätigung trotz aller äußeren Erfahrung
reifte sein Wesen heran. Gewandtheit, allen Verhältnissen
rasch eine vorteilhafte Seite abzugewinnen, Fähigkeit, sich
mit Gegensätzlichkeiten abzufinden und sich dadurch den
Lebensweg zu erleichtern, waren hierbei freilich nicht zu
gewärtigen, wohl aber eine durchaus einheitliche und ge=
schlossene Entwicklung, ein stolzer, unabhängiger Gedan=
kenflug, Unbeugsamkeit gegen die Welt, Treue gegen sich
und die erkorenen Ideale. Richtung und Ziel waren seinem
Geistesleben so von Anfang an fest vorgezeichnet; was in der
Außenwelt mit dieser Richtung divergierte, konnte sie nicht
ablenken, aber es führte zu schmerzlicher Berührung. Jede
dieser Berührungen stählte nur um so mehr die eigne Über=
zeugung und weckte ihr dadurch neue Widerstandskraft.
So hart geschmiedet mußte ein Charakter entstehen, den
der Wunsch nach Loslösung aus wesensfremder Um=
gebung in die Einsamkeit trieb, obwohl alles in ihm
Liebe und heißestes Verlangen, sein Ideal außen verwirk=
licht zu finden, war. Verwandelten sich aber die Wogen
der Begeisterung, gehemmt durch die Gegenströmung täg=
licher Enttäuschungen, in Zorneswogen, die über seinem
eigenen Haupte zusammenzubrechen drohten, so gab es
nur eine Macht, sie zu glätten: den mild verständnis=
vollen Blick seiner Frau.

Noch aber schien mehr friedliche Erfüllung als stetes
Ringen nach dem, was die Wirklichkeit dem hoffnungs=
frohen Idealisten versagt, seinem Werdegang beschieden.
Denn kann es anders, wie eine Erfüllung im höchsten
und selten erlebten Sinne genannt werden, eine Persön=

lichkeit wie Liszt leibhaftig vor sich sehen, ihr nahe sein und seine jugendlichen Kräfte leihen zu dürfen, sich an einer Gemeinschaft gleichgesinnter Künstler zu beteiligen, die, durch den Flügelschlag des Genius weit emporgetragen, nur der einen Sache dienten oder doch zu dienen schienen? Denn eine seltsame Weihe muß über sie alle gekommen sein, die den Zauberkreis jenes Wundermannes betreten hatten, ob sie es verstanden, diesen Zauber für ihr eignes Leben segenbringend zu nutzen, oder ob sie später, als Opfer ihrer Schwachheit, abfielen. Wie in Zeiten nationaler Gefahr das Sturmesbrausen des Unerhörten die Stimme kleinlicher Eigensucht übertönt und oft in schlichtesten Menschen Helden erstehen läßt, so hatte damals der von der Altenburg erschallende Ruf: „Kampf für die hartbedrohte neue Kunst" begeisternd alle Gemüter, die nur des Verständnisses dieser Offenbarung fähig waren, entzündet und ihnen bisher ungeahnte Kraft geliehen.

Zu diesen frohgemuten Kämpfern gesellte sich nun unser jugendliches Paar, von allen herzlich aufgenommen. Mancher der Gesinnungsgenossen ward zum treuen Freunde, so Peter Cornelius, Hans von Bronsart und Joachim Raff.

Der Umgang mit letzterem war auch für den künftigen Komponisten von besonderem Gewinn. War schon in den Jahren der Verlobung in Ritter der Eifer für Musiktheorie erwacht und ihr Studium intensiver betrieben worden, so fand sich in Raff ein Künstler, dessen reiche Kenntnisse und Fähigkeiten Ritter veranlaßten, bei ihm gelegentlichen Unterricht zu nehmen. Aber noch scheint

das Interesse an der Kompositionslehre ein mehr theo=
retisches gewesen zu sein. Wenigstens sind keine Kom=
positionen aus jener Zeit erhalten, außer der melodra=
matischen Musik zur Dichtung: „Die Geisterstunde"
von Caroline v. Pawloff. Und diese dürfte mehr dem
Wunsche entsprungen sein, der vom ganzen Weimarer
Kreis gefeierten Deklamationskunst seiner Gattin auch
seinerseits den schuldigen Tribut zu zollen.

Jenes ideale Musizieren unter dem Taktstock eines
Franz Liszt war nicht von langer Dauer. Ein vom
Stadttheater in Stettin erfolgendes Angebot der Konzert=
meister= und Musikdirektorstelle erschien Ritter als Mah=
nung, sich nicht länger als dienendes Glied einem
künstlerischen Wirken anzuschließen, sondern selbständig
hinauszutreten, um, auf sich gestellt, das Evangelium
seiner Kunst zu predigen. Denn nur diese Auffassung
seines Berufes war Ritters innerster Natur entsprechend.
Von ihm kann in gewissem Sinne Wagners Ausspruch
gelten: „ . . . sollte ich um des bloßen Lebens willen
den charakteristischen Gehalt meines Lebens verleugnen,
oder mich zu einer Tätigkeit bestimmen, die meinem
Wesen nicht entspricht, so müßte ich mir nicht nur ver=
ächtlich werden, sondern ich würde mich auch leiblich zum
Selbstmorde bestimmen" (an Frau Julie Ritter. 31. April
1851). Schweren Herzens freilich entschloß sich Ritter
zur Trennung von seinem über alles verehrten Meister
Liszt; doch war es dieser selbst, der ihm zur Annahme
der Stellung geraten, da es für den angehenden Künstler
durchaus notwendig sei, in steter Reibung mit der Welt
seine Kräfte zu entwickeln. Und um so begehrenswerter

BILDNIS ALEXANDER RITTERS
aus dem Anfang der fünfziger Jahre.

erschien Ritter die Stettiner Stellung, als auch seiner
Frau durch einen Engagementsantrag Gelegenheit zur
Wiederaufnahme der schauspielerischen Tätigkeit, welche
sie in Weimar unterbrochen hatte, geboten wurde.

Im Herbst 1856 also verlegte Ritter seinen jungen
Hausstand nach Stettin. Wie mag sein Herz von
kühnen Hoffnungen geschwellt gewesen sein, die Offen-
barungen, die ihm in Weimar geworden waren, nun
verkünden und in Taten fruchtbringend umsetzen zu können.
Durfte er sich auch nicht verhehlen, daß seine Wirksamkeit vorerst nur eine bescheidene sein konnte, — ihm
fielen nebst dem Amt des Konzertmeisters die Direktion
der kleineren Opern, Singspiele und Ballette zu — so
ließ ihn seine optimistische Auffassung wohl eine rasche
Erweiterung seiner Tätigkeit, sowie eine größere künstlerische Befriedigung durch sie erträumen. Noch hatte
er die kleinlichen Verhältnisse, wie sie an einem Stadttheater zu herrschen pflegen, nicht durch eigene Erfahrung
kennen gelernt, noch wußte er kaum, daß es auch eine
andere Art des Musikmachens gebe, wie die rein künstlerische, nämlich eine trocken geschäftsmäßige, ohne die
wärmende Flamme des Enthusiasmus, nur im engherzigen
Pflichtgefühl des täglichen Broterwerbes ausgeübt. Von
dem großzügigen Kunstleben Weimars kommend, wurde
er hier inne, daß die Triebfeder der öffentlichen Kunst-
pflege das Geschäft ist, daß Idealismus am Theater
meist nur Maske ist, oder sich höchstens ganz heimlich,
vielleicht geduldet, aber nicht gerne gesehen, einschleichen
darf. Hier wurde ihm auch die zwiespältige Bedeutung
des Wortes „Routine“ klar, nicht nur als Bezeichnung

technischer Fertigkeit, sondern als dem Kunsthandwerker
dienender Deckmantel für mangelnde Gewissenhaftigkeit.
Um sich für das Unbefriedigende des Theaterdienstes zu
entschädigen, auch um seinem Wunsche nach selbständiger
Wirksamkeit zu genügen, veranstaltete Ritter Kammer=
musik= sowie Orchesterkonzerte. In einem der letzteren
dirigierte er Liszts Tasso. Allein er predigte tauben
Ohren, ja er sah sich sogar zum erstenmal gezwungen,
die Feder zu ergreifen, um einen allzudreisten Angriff
eines Herrn Koßmaly gegen die Programmusik abzu=
wehren. Der 1858 erschienene Artikel (Eine Vor=
lesung über Programmusik von C. Koßmaly, be=
leuchtet von Alexander Ritter) trägt schon die Merkmale
der Ritterschen Kampfesweise an sich: scharf, ja schonungs=
los geschrieben, bleibt er doch streng sachlich und durch
Klarheit überzeugend. Der Hoffnung freilich, in Stettin
der neuen Kunst Boden zu erobern, mußte sich Ritter
bald verschließen; dazu waren die Verhältnisse zu enge.
Und mit dieser Erkenntnis hatte das Festhalten an der
Stellung für ihn nicht nur jeden Reiz, sondern auch jede
Berechtigung verloren. Er beschloß nach zwei Jahren,
unterstützt durch Bülows Zureden, Stettin zu verlassen.
Jedoch keine Ernüchterung war's, die er dort erfahren,
sondern eine erste Verwundung seines jugendlich zuver=
sichtlichen Herzens. Wurden ihm aber auch bald noch
schmerzlichere zuteil, keine konnte ihn zur Resignation
zwingen. Denn nicht ein platter Optimismus, der die
Schattenseiten nicht sehen will, lag seiner Zuversicht
zu Grunde, sondern das felsenfeste Vertrauen auf den end=
lichen Sieg des Hohen und Reinen über alle Niedrigkeit

der Welt. Und dieses Vertrauen blieb ihm bis zum letzten Atemzuge treu.

Eines aber hatte ihm die Stettiner Zeit und wohl auch ihre den ganzen Menschen anstachelnden Erfahrungen geweckt: den immer fühlbarer werdenden Schaffensdrang. Ihm zu folgen, gaben ihm zwei Jahre der Zurück= gezogenheit in Dresden erwünschte Muße (1858—60). Aber noch genügte ihm die Geige zum erschöpfenden Ausdruck seines Empfindens. Von ihr empfing er fast ausschließlich die Anregung zum Komponieren. Dieser entsprangen eine Märchenphantasie für Violine und Orchester, eine Violinsonate mit Klavier und zwei Violinkonzerte. Außer diesen Violinkompositionen fällt in jene Zeit die erste Vertonung eines Gedichtes; es ist Heines „Belsazar". Cornelius, der Gelegenheit hatte, das Stück auf der Durchreise zu hören, machte Liszt darauf aufmerksam: „Ritter hat auch ein ganz pikantes Ding geliefert, den Belsazar von Heine, welches Ihnen als eine sehr genießbare Manifestation der jüngeren Weimaraner Schule gewiß nicht uninteressant sein würde" (Peter Cornelius, Ausgew. Briefe, 1. Band, Seite 351).

Liszt hatte seinen jungen Freund auch in der Ferne nicht vergessen; auf seinen ausdrücklichen Wunsch spielte Ritter in einem Konzert in Zwickau, das durch die Auf= führung von Liszts „Prometheus" unter seines Schöpfers persönlicher Leitung erhöhte Bedeutung gewann, eines seiner Violinkonzerte. Bald nachher, im Sommer 1860, sehen wir ihn auf dem Wege zur Altenburg, wo ihm sein genialer Gönner gastfreundliche Aufnahme gewährt. Mit Entzücken und Dankbarkeit berichtet Ritter seiner

Frau über die unvergeßlichen Stunden des Beisammen=
seins mit Liszt. Er spielt dem Meister seine beiden
Violinkonzerte vor. Sie werden einer strengen Kritik
unterzogen: Ritter möge sich harmonisch einfacher halten;
es sei Außerordentliches von ihm zu erwarten, aber er
müsse einen langen Prozeß durchmachen, den ihm leider
niemand verkürzen könne. Doch es sei kurios, „an die
tollsten Sachen von Ritter gewöhne ich mich beim zweiten
Mal und finde sie schön". Wieder und wieder geht
Liszt die Kompositionen durch; jedesmal gefallen sie ihm
mehr. Auf einem Spaziergang bricht er in die Worte
aus: „Sasch, Sie sind ein zu merkwürdiger Mensch";
als Ritter lacht, fährt er fort: „nein wirklich, wenn man
selbst solche Sachen macht, so kann man gar nicht wissen,
wie merkwürdig man ist". Ritter möge vorläufig keine
feste Stellung annehmen, um alle Kraft auf die Kom=
position konzentrieren zu können.

Diesen Rat zu beherzigen, hatte Ritter bald darauf
Gelegenheit. Zugleich mit einem Antrag für seine Frau,
an das Hoftheater in Schwerin, an dem sie schon vor=
her gewirkt hatte, zurückzukehren, wurde auch ihm ein
Engagement dorthin angeboten; er aber entschied sich,
eingedenk der Worte Liszts, es abzulehnen, indes seine
Frau sich dem Theater verpflichtete. Im Herbst 1860
schlug Ritter seinen Wohnsitz in Schwerin auf, nicht
ohne vorher durch Bülows Beurteilung seiner beiden
Konzerte weitere Zuversicht erhalten zu haben. Mit präg=
nanten und zutreffenden Worten charakterisiert Bülow die
Werke: „Ich finde Deine Arbeiten groß und bedeutend
konzipiert, inhaltsvoll in jeder Hinsicht, mit einer seltenen

Feinheit nervosen musikalischen Denkens und Empfindens ausgeführt." Die Stimmführung sei vortrefflich, die Melodie immer nobel, breit und sehr eigentümlich, die Modulation logisch, oft zu herbe; die Orcheftration berge manchen feinen und originellen Zug. Daß Ritters Musik schon damals die Sehnsucht nach dem Worte innewohnte, die ihn später die absolute Form verlassen ließ, konnte nur der scharfe und kritische Sinn eines Bülow herausfinden; er schreibt über das zweite Konzert, das mit einer längeren Orcheftereinleitung ohne das Solo-Instrument beginnt: „Um aber das lange Schweigen der Hauptperson Deines Dramas zu rechtfertigen, bedarf es der Stüße eines poetischen Programms. Vermutlich hat Dir ein solches vorgeschwebt oder auch nur geträumt." (Brief vom 29. Oktober 1860.)

In Schwerin entstanden ein Streichquartett, daneben aber seine erste reine Orchefterkomposition, die Ouvertüre zum Schauspiel ‚Pietra‘ von Mosenthal und, was besonders entscheidend ist, die ersten Lieder, „Erklärung" (Heine) und „Wie sehr ich dein" (Lenau). Während das zweite noch mit dem Ausdruck ringt und erst in der späteren Umarbeitung, die dem Zyklus „Liebesnächte" einverleibt ist, jene geschlossene Form findet, in der keine Note zu viel ist, verblüfft die „Erklärung" geradezu durch das kecke Ergreifen des richtigen, diesem halb ironischen wilden Gedicht gegenüber nicht leicht zu treffenden Tones. Wer schon in seinem erften Liede ein so sicheres Gefühl für die Eigenart einer Dichtung verrät, der ist berufen, auf diesem Gebiete eine hervorragende Stellung einzunehmen. Aber auch „Wie sehr

ich dein" (bei Lenau. „Frage nicht") weiſt ſchon in der
alten Faſſung überraſchende Feinheit der Deklamation,
innigſtes Anſchmiegen des muſikaliſchen Ausdrucks an den
dichteriſchen bei großer Schlichtheit der Mittel auf; daß
es erlebt, nicht erdacht iſt, verrät jeder Ton.

So begann ſich das Intereſſe für die Liedkompoſition
zu regen. Auf das Drama lenkte von neuem ſeine Auf=
merkſamkeit der übermächtige Eindruck, den er aus dem
Studium von „Triſtan und Iſolde" empfing. An ſeine
Mutter ſchrieb er darüber: „Das iſt ſo etwas Wunder=
bares, daß es keine Worte dafür gibt, man kann ſich
nicht denken, daß es ein Menſch gemacht, es kommt wie
von Götterhänden." Unter der ſuggeſtiven Macht dieſes
Erlebniſſes mag in ihm der Wunſch erwacht ſein, ſich
ſelbſt auf dem Gebiete der dramatiſchen Muſik zu ver=
ſuchen. Hierfür erſchien ihm eine Dichtung ſeines Bruders
Carl, „Roſamunde", geeignet, welche die grauſige Geſchichte
des Longobardenkönigs Alboin zum Gegenſtand hat. Der
Stoff hat ihn noch im Jahre 1866 beſchäftigt, ohne
daß er ihn jemals ausgeführt hätte.

Mit ſeinem Bruder ſtand Ritter ſtets in regem gei=
ſtigen Verkehr. Hierzu trug nicht nur der verwandte
Bildungsgang, ſondern auch manche Ähnlichkeit des Cha=
rakters bei. Carl war ein Menſch von glänzender muſi=
kaliſcher wie dichteriſcher Begabung und von außerge=
wöhnlichem Reichtum des Wiſſens. R. Wagner, deſſen
freundſchaftlichen Umgangs er ſchon in ſeinen jungen
Jahren teilhaftig werden durfte, urteilt über ihn: „Wenn
ich Carl und Bülow vergleiche, ſo habe ich mein Urteil mit
wenigem dahin auszuſprechen: Bülow teilt ſich leichter und

erfreulicher mit, Carl aber hat mehr mitzuteilen als Bülow und deshalb fällt es ihm noch schwerer." (An Frau Julie Ritter, Zürich, 12. Dez. 1850.) Mit Alexander hatte Carl eine starke Sensibilität der Welt gegenüber gemein; da ihm aber nicht, wie jenem, der Idealismus der Tat stets neue, Enttäuschungen überwindende Schwungkraft verlieh, da bei ihm die Wärme des Empfindens hinter einer äußerst scharfsinnigen, aber heftigen Art des Denkens zurücktrat, da ihm endlich, im Gegensatz zu seinem Bruder, die Gabe des Humors fehlte, so schloß er sich immer mehr von der Welt ab und verbrachte seine Lebensjahre in Italien menschenscheu und einsam. Eine der wenigen Beziehungen, die er aufrecht erhielt, war die mit dem Bruder.

Wie viel Ritter auch der schöpferische Beruf galt, noch neigte sich die Wage nach der reproduktiven Seite; der Wunsch, sich als Geiger zu vervollkommnen, ließ ihn im Jahre 1863 sogar für eine Zeit zu seinem alten Lehrer David nach Leipzig zurückkehren, wo er durch zwei Monate aufs Intensivste arbeitete, sich höchstens durch Mitwirkung in den Konzerten der "Euterpe" anderweitige Anregung verschaffend. Doch wurde die Komposition nicht ganz vergessen. Es entstand ein Phantasiestück für die Violine, das Adagio eines Streichquartetts, sowie vermutlich die Umarbeitung des Zweiten Violinkonzertes zu einem Orchesterstück, "Phantasie und Fuge" betitelt. Aber trotz allem will es fast scheinen, als ob die Interessen und Hoffnungen, welche Ritter mit der Öffentlichkeit verbanden, die Oberhand gewonnen hätten: er wandte sich im Herbst 1863 nach Würzburg, wo er, wie auch seine Frau, wieder die Tätigkeit am Theater aufnahmen.

ürzburg, fast ununterbrochen neun=
zehn Jahre hindurch der Wohnsitz Rit=
ters, wurde für ihn zum Schauplatz schwe=
rer innerer Konflikte und sorgenvoller
Bedrängnis, aber auch die Stätte, auf
welcher seine Persönlichkeit zu klarer
Erkenntnis des vorgezeichneten Weges
und damit der ihr eigentümlichen Art
des Schaffens heranreifte. Noch war sein Wesen zweigeteilt:
den von der Notwendigkeit eines Wirkens nach außen über=
zeugten Verstand verlangte es nach energischer Betätigung in
der Öffentlichkeit, das Herz aber trieb es in die Stille und
Einsamkeit künstlerischen Schaffens. Je lauter jedoch die
Stimme des letzteren wurde, desto standhafter wurde ihr
Gehör versagt.

Das neue Feld der Tätigkeit schien unbeackert genug.
Während Richard Wagner im Jahre 1833 von drei
„wohlorganisierten" Orchestern, dem des Theaters, der
Musikgesellschaft und des Seminars berichtete, gab es
nun außer dem Theaterorchester kein zweites, das etwa
zu Konzertveranstaltungen hätte herangezogen werden
können. Daß Liszt dort so gut wie unbekannt war, mußte
den überzeugten Jünger dieses Meisters zwar eigentüm=
lich berühren, aber nicht überraschen, daß aber selbst
Beethovens Quartette noch mißtrauisch als die Produkte
eines halb Unzurechnungsfähigen gemieden waren, wurde
Ritter bald zu seiner größten Verwunderung inne. Er
hatte sich mit Würzburger Musikern zu regelmäßigem
Quartettspiel zusammengetan, mit dem Hintergedanken, in
Zukunft gemeinsam mit ihnen Kammermusikkonzerte zu

veranstalten. Als eines der letzten Beethoven=Quartette
gespielt wurde, konnten seine Genossen „ihr Erstaunen
gar nicht verhehlen, daß kein konfuser Unsinn, sondern
eine herrlich klare Komposition zum Vorschein kam", wie
er seiner Frau berichtet. Warf dieses Erstaunen ein de=
primierendes Streiflicht auf die Würzburger Musikzustände,
so wurde Ritter doch zugleich die Genugtuung zuteil,
für das Verständnis Beethovens eine Bresche geschlagen
zu haben; denn, wie er weiter erzählt: „das heutige Beet=
hovensche Quartett hatte die Herren wirklich so entzückt,
daß sie förmlich den Wunsch aussprachen, die übrigen
großen Quartette von Beethoven auch in den Soireen
zu spielen. Ich riß dabei den Mund auf vor Verwun=
derung. Du kannst Dir denken, daß mich das wieder zum
Üben antreibt."

Wenn Ritter und seine Frau ihre Tätigkeit am The=
ater der absolut unbefriedigenden Verhältnisse halber auch
bald aufgaben, so schien ihm nun ein neues Gebiet er=
öffnet. Voll Eifer und kühner Hoffnungen betritt er
es. „Ich möchte auf fünf Jahre hinaus Pläne als
Geiger und Dirigent machen, und ist mir, als hätte ich
dann noch Zeit genug, wieder als Komponist anzufangen."
So sehr beherrschte ihn der Gedanke an Konzertveran=
staltungen. „Ich werde es wohl früher, denn das er=
kenne ich als meinen Beruf", fügte er jedoch hinzu.

Das Würzburger Quartettensemble kam nicht zustande.
Wohl aber gewann Ritter in Ludwig Baer aus Frank=
furt a. M. (2. Geige), Gustav Schlemüller aus Königs=
berg i. Pr. (Bratsche) und Rudolf Hennig aus Leipzig
(Cello) treffliche Kräfte für ein ständiges Quartett. Die

Matineen der Saison 1865—66 erfreuten sich des
größten Zuspruches; nicht nur der Saal, sondern auch
der Korridor waren gedrängt voll von einer begeistert
lauschenden Zuhörerschaft. Wiederholt wirkte Bülow in
den Veranstaltungen seines Freundes mit. Das Quartett
erwarb sich rasch glänzenden Ruf, so daß die Konzerte
auch auf die Nachbarstädte Erlangen, Bamberg, Nürn=
berg usw. mit größtem Erfolg ausgedehnt werden konnten.
Freilich sahen beunruhigte Lokalgrößen mit wachsender
Scheelsucht auf das so kräftig einsetzende Unternehmen
des modernen Umstürzlers; hämische Angriffe wurden
laut; man wagte es aber nicht, sie gegen die Leistungen
zu richten, sondern beschränkte sich darauf, den durch die
vier „Zugewanderten" gekränkten Lokalstolz in Schutz zu
nehmen. Solche Stimmen waren nicht dazu angetan,
Schaden zu stiften, sondern bewiesen nur das Gelingen.
Ein äußeres Hindernis aber legte die Fortsetzung der
Konzerte lahm. Ritter war im Sommer 1866 mit
seiner Frau zum Besuch seiner Mutter nach Pisa gereist.
Als er zurückkam, hatte sein Cellokollege Hennig, nach=
dem er in zwei verloren gegangenen Briefen Ritter nach
Italien von einem an ihn ergangenen Engagementsantrag
nach New York Mitteilung gemacht hatte, natürlich ohne
Bescheid erhalten zu haben, die angebotene Stellung an=
genommen. Mit einer neuen, noch nicht eingespielten
Kraft aber wieder hinauszutreten, schien gerade nach
den großen Erfolgen in der vorhergehenden Saison nicht
rätlich.

Ein anderer, größer angelegter Plan jedoch fesselte
Ritters Aufmerksamkeit: eine Reihe leitender Persönlich=

keiten erkannte in ihm den geeigneten Künstler, einen
Konzertverein ins Leben zu rufen. In der Meinung,
es handle sich um die Veranstaltung von Orchesterkon=
zerten, die auch strengen Anforderungen genügen sollten,
erklärte Ritter sich bereit, die künstlerische Organisation
in die Hand zu nehmen. So groß die gehegten Hoff=
nungen waren, so bitter war die Enttäuschung, welche
ihm auf einmal die ganze kleinstädtische Oberflächlichkeit
offenbarte. An die Gründung eines Kunstinstitutes dachte
man gar nicht. „Es kam nur ein Dilettanten=Orchester=
verein heraus, für Übungsabende mit Kneipereien, später
vielleicht auch für Konzerte', nicht aber die erhoffte Ver=
einigung von Orchesterkräften." Dabei mitzutun war
nicht nach Ritters Wunsch; er und einige Gesinnungs=
genossen erklärten ihren Austritt. „Bei der ganzen Sache
habe ich auch einige so unangenehme aber lehrreiche Er=
fahrungen gemacht, daß ich jetzt, seit ich nichts mehr da=
mit zu tun habe, wie neugeboren bin und mich zu Hause
bei der Arbeit kreuzfidel befinde."

Selbst | für den persönlichen Verkehr einen größeren
Kreis in einem Lesezirkel zu vereinigen, sollte nicht ge=
lingen. Aus diesen Gründen tauchte der Gedanke auf,
Würzburg zu verlassen. Auf den Rat von Freunden
versuchte Ritter in Berlin ein Orchester zu gründen, das
sich die Propaganda für die Kunst Wagners und Liszts
zur Hauptaufgabe stellen sollte. Der Plan, später (1868)
wieder aufgenommen, scheiterte hauptsächlich an der
Lokalfrage. Aber sogar Italien hat Ritter eine Zeit
hindurch gereizt. Als er seine Mutter besuchte, hatte er
Gelegenheit, einen Blick in die Pisaner Kunstverhältnisse zu

tun. Die angeborene musikalische Begabung der Italiener schien ihm für ernste künstlerische Absichten günstiger als die philiströse Gleichgültigkeit der Deutschen. Bülow hinwiederum redete Ritter zu, sich mit ihm zusammen in Mailand niederzulassen. Ein drittes Motiv war die Aussicht, der Mutter und dem Bruder Carl näher zu sein. Wurden diese Pläne auch nicht verwirklicht, so bewiesen sie doch Ritters Streben nach einer Tätigkeit in größerem Stile als Geiger und Dirigent. Um für diese auch technisch vollauf gewappnet zu sein, kam er zu einem Entschlusse, der seinen Freunden völlig unerwartet sein mußte, aber wohl den schönsten Beweis der eisernen Beharrlichkeit, mit welcher dieser nun 34jährige Künstler an seiner Vervollkommnung arbeitete, bot: er ging im Frühjahr 1867 nach Paris, um sich zu dem schon Errungenen den Vorteil der französisch-belgischen Violintechnik anzueignen.

Er nahm zuerst bei Léonard Unterricht, welcher die belgische Schule lehrte. Nach dem Probespiel wurde ihm der Bescheid, technisch habe er nichts mehr zu lernen, doch fehle ihm noch die Ausgeglichenheit in der Melodieführung. Diese war ein Hauptvorzug von Léonards Spiel. Er trug virtuos und schwungvoll vor, doch stets „ohne daß die belle qualité de son darunter leide". Genialität und Temperament fehlten ihm, sowie auch sein musikalischer Geschmack ein sehr einseitiger war; die Schüler mußten fast ausschließlich seine eigenen, recht zweifelhaften Kompositionen spielen. So dankbar Ritter die raschen Fortschritte, welche er bei seinem Meister machte, anerkannte, so durfte er sich doch nicht verhehlen,

ALEXANDER RITTER UND SEINE QUARTETT-GENOSSEN.

wo die Schwächen jener Methode lagen; sie auszugleichen,
schien ihm Massart, Wieniawskys Lehrer, die geeignete
Persönlichkeit. Ohne Léonard davon Mitteilung zu
machen, nahm er zu gleicher Zeit auch bei dem Meister
der französischen Schule Stunde. Massart war ein
Mann viel universelleren Geschmacks, der seine Schüler
auch Bach — nach Léonards Ausspruch nur der Kom=
ponist von „Etüden" — spielen ließ. Die Art seines
Vortrags war genialer, dabei von derselben technischen
Vollendung, wie die Léonards.

Auf das angestrengteste war Ritter zu arbeiten ge=
zwungen, um den hohen Ansprüchen beider Lehrer gerecht
zu werden; Paris kennen zu lernen, mußte er sich des=
halb versagen. Der großartige Gesamteindruck der Stadt
jedoch hatte ihn entzückt, obwohl er an ihm die Poesie,
welche das Bild der italienischen Städte so auszeichnet,
vermißte; der mehr auf das Äußerliche gerichtete Sinn
der Bevölkerung berührte ihn nicht sympathisch, aber er
erkannte, daß sich hier, wie kaum irgendwo in der Welt,
die Gelegenheit biete, Geschmack, Kenntnisse und Fähig=
keiten nach außen zu bilden. Alles sei voll der leb=
haftesten geistigen Interessen, so daß man der Anregung
niemals entbehre. Als artiste allemand hatte er freien
Zutritt zu den Konzerten, die ihm mit die wertvollste
Bereicherung seiner musikalischen Bildung gewährten; er
lernte in den französischen Geigern ausschließlich Künstler
ersten Ranges kennen, indes ihn die Klavierspieler ent=
täuschten. Die peinliche Glätte und Vollendung in den
Aufführungen des conservatoire, das hohe Durchschnitts=
maß der Kräfte der großen Oper, sowie der Reichtum

der dekorativen Mittel dieses Institutes erregten zwar
seine Bewunderung, ließen ihn aber doch Innerlichkeit
und Größe der Wiedergabe vermissen. Getreu seiner
Vorliebe für Italien bereitete ihm hingegen die warm=
blütige Gesangskunst italienischer Gäste in der Oper den
größten Genuß. Besonders tiefen Eindruck empfing er
aber durch das unvergleichliche Beethovenspiel der beiden
Quartettvereinigungen Armingard und Maurin. Ge=
meinsam mit den jungen Tonkünstlern Franz Ries und
Alexander Winterberger verkehrte Ritter viel in den ersten
musikalischen Häusern von Paris, spielte wiederholt in
Quartetten mit und lernte Vieuxtemps und Wieniawsky
kennen.

Nach diesen bewegten, für die musikalische Ausbildung
wie für Erweiterung seines Gesichtskreises höchst be=
deutungsvollen zwei Monaten kehrte Ritter nach Würz=
burg zurück, nun, wie er hoffte, in jeder Hinsicht gerüstet,
sich als Vorkämpfer seiner Ideale in das Getümmel der
Welt zu stürzen. Der Versuchung freilich, sich wieder
in das Würzburger Musikleben durch die ihm nahegelegte
Übernahme der Theaterdirektion hineinziehen zu lassen,
entging er. Aber seinen obenerwähnten Berliner Plan
nahm er wieder auf. Eine Reihe von Orchester= und
Chorkonzerten, welche er in den nächsten Jahren in
Würzburg gab, sollten nur als Präludium zu einer be=
friedigenden Dirigententätigkeit auswärts dienen. Aus
ihrem glänzenden Verlauf schöpfte er die größte Zuver=
sicht für die Zukunft. Als Geiger trat er in Kammer=
musikmatineen in der Berliner Singakademie hervor (1868);
vorübergehend war auch von einer Stellung in der

Münchner Hofkapelle unter Bülow die Rede. So sehr
alle diese Bestrebungen die Tendenz einer Loslösung von
Würzburg hatten, so wurde er doch noch einmal zu
einem Schritt veranlaßt, der eine Besserung der örtlichen
Musikzustände bezwecken sollte. Das Orchester zu den
von Ritter veranstalteten Konzerten wies außer einem
Kontingent von Theatermitgliedern, Militärmusikern,
Musiklehrern und Dilettanten eine Anzahl Schüler der
königlichen Musikschule auf. Die unglaublich mangel=
hafte musikalische Bildung dieser letzteren lenkte Ritters
Aufmerksamkeit auf die Musikschule, welche, unter dem
1862 verstorbenen Direktor Fröhlich einen trefflichen Ruf
genießend, sich nun auf abwärts führender Bahn be=
wegte. Welchen Tiefpunkt sie bereits erreicht hatte, sollte
Ritter mit geradezu grotesk=komischer Deutlichkeit veran=
schaulicht werden. Eine abzuhaltende · Chorprobe führte
ihn in das Gebäude der Musikschule; als er das Treppen=
haus betrat, war ihm, als sei er in ein Tollhaus ge=
raten. Ohrenzerreißender Lärm eines in sämtlichen Ton=
arten zugleich sich ergebenden Ensembles tönte ihm durch
die Türe des Übungssaales entgegen. In der Meinung,
es handle sich um einen etwas derben musikalischen Scherz,
frug er nach der Bedeutung dieses Ohrengeschinders.
Wie war er überrascht, ja erschreckt, als man ihm kalt=
blütig antwortete, es sei eben Übungsstunde, in welcher
der Gepflogenheit entsprechend, sämtliche Schüler ihre ver=
schiedenen Übungen zu gleicher Zeit im Studiensaale
auszuführen hätten. Nun war es Ritter klar, weshalb
die bei ihm mitwirkenden Musikschüler sich einer so er=
barmungslosen Unreinheit befleißigten, weshalb sie nicht

einmal imstande waren, ihre Instrumente zu stimmen,
geschweige denn sonst das geringste musikalische Gehör zu
verraten. Weitere Erkundigungen ergaben, daß der
eigentliche Unterricht in den Instrumenten vollständig
zurücktrat hinter den als Hauptsache geltenden öffentlichen
Orchesterproduktionen, welche so zahlreich waren, daß an
eine gewissenhafte Vorbereitung gar nicht zu denken war.
Bei diesen Konzerten wirkten sämtliche Schüler ungeachtet
ihrer Bildungsstufe mit. Die Blasinstrumente wurden,
auch wenn sie vom Komponisten einfach vorgeschrieben
waren, so vielfach besetzt, als gerade Schüler dafür vor=
handen waren; wie das Klangverhältnis der einzelnen
Instrumente beschaffen gewesen sein mag, konnte man
sich schaudernd vorstellen. Solche Vorführungen mußten
auf das Publikum nur abschreckend wirken. Die Folge
war eine auffallende Abnahme des Interesses an den
Konzerten. Den Schülern selbst aber waren diese so
ziemlich das Um und Auf ihres Unterrichts; denn theo=
retische Disziplinen wurden nicht gelehrt, Kammermusik=
übungen waren im Studienplan überhaupt nicht vorge=
sehen. Die dringende Notwendigkeit einer Abhilfe machte
Ritter selbst seine Erfahrungen bei der versuchten Grün=
dung eines Orchestervereins vergessen. Durch Vermittlung
Bülows ließ er 1872 dem König eine Eingabe über=
reichen, welche die Absendung einer Sachverständigen=
kommission zur Prüfung und Besserung der herrschenden
Zustände bezweckte. Der Bitte wurde Gehör geschenkt.
Der Abgesandte des Königs fand die Verhältnisse fast
noch schlimmer, als sie Ritters Eingabe vermuten ließ.
Die Musikschule sollte von Grund auf reorganisiert wer=

den. Hierzu zog man Theodor Kirchner heran, ohne
den Rat Ritters, der hier wie stets sich nur allzu be=
scheiden in den Hintergrund stellte, einzuholen. Kirchner
gelang es nicht, der Mißwirtschaft Herr zu werden; erst
Dr. Kliebert erwarb sich das Verdienst, durch außerordent=
liche Tatkraft und hervorragende Fähigkeit in kurzer Zeit
die Musikschule aus der Verwahrlosung auf ihre jetzige
Höhe zu erheben. Ritter aber hatte den ersten und entschei=
denden Anstoß zu dieser Wandlung zum Guten gegeben.

Was die auf eine Tätigkeit außerhalb Würzburgs ab=
zielenden Pläne trotz allem nicht zur Verwirklichung
kommen ließ, waren einesteils äußere Hindernisse, wie in
Berlin die ungelöste Lokalfrage, anderenteils aber lag der
Grund hierfür in dem Zwiespalt, in welchen Ritter seine
doppelte Eigenschaft als ausübender und schaffender Künst=
ler brachte. Trieb es den ersteren immer wieder, Aus=
schau zu halten, ob sich nicht irgendwo ein Boden für
Betätigung reinen Künstlertums, wie er es auffaßte,
fände, so rief ihn die Stimme des Schöpfergeistes in die
Einsamkeit eigener Arbeit fernab von der Öffentlichkeit.
Für dieses stille Arbeiten sah er in Würzburg die Be=
dingungen gegeben. Aber nicht kühle Erwägung be=
stimmte ihn, an dieser Stadt festzuhalten, sondern die
instinktive Scheu, die Kräfte, welche ihm dienen sollten,
was in seinem Inneren sich regte und ans Licht ver=
langte, zur Entfaltung zu bringen, in stetem, zum größten
Teil nutzlosen Zusammenprall mit der Außenwelt zu zer=
splittern. Denn jede neue Enttäuschung bedeutete einen
neuen zerstörenden Eingriff in sein ungemein sensitives
Innenleben, das ihm nur dann zur künstlerischen Ge=

ſtaltung reif erſchien, wenn ihm völlige Sammlung und
Unberührtheit durch die Tageswelt vergönnt war. „Trau=
rigen Stimmungen iſt man freilich auch bei dieſem" (dem
ſchöpferiſchen) „Leben unterworfen, aber man wird nicht
demoraliſiert, wie von faſt jeder Berührung mit der
eigentlichen Welt, ſondern man kann auf eigene alleinige
Verantwortung das aus ſich machen, wozu einem Gott
das Zeug gegeben." Soll er den geheimſten Offen=
barungen ſeiner Seele lauſchen können, dann muß es
um ihn ganz ſtille ſein: „Farben und Tinten für Ak=
zente der Leidenſchaft u. dergl. findet unſereins immer
vorrätig in jedem Winkel des Herzens, den richtigen
Ausdruck für den Schimmer einer Verklärung findet
man aber erſt, nachdem man wenigſtens ein paar Tage
das widrige und traurige Gebrüll und Geächze der Welt
nicht gehört hat." Die Gefahren ſteter Berührung mit
der Öffentlichkeit ſchienen ihm die innere Entwicklung zu be=
einträchtigen: „denn ich ſehe doch überall, wie Menſchen
in fortwährender Berührung oder Reibung mit der Welt
ſich immer mehr und mehr verflachen, und daß nur die,
welche ſich zurückgezogen hatten, und mit Bewußtſein
leben, ſich ſelber weiter bringen". An anderer Stelle
heißt es: „Ich kann mich nun mal abſolut nicht in den
ungewaſchenen Ton dieſer Welt finden".

Mit Beſorgnis ſehen ihn Mutter und Freunde immer
mehr in ein „miſanthropiſches Abſchließungsſyſtem" ge=
raten. Die Mutter warnt ihn, ſich in ſeiner Jugend
der Welt zu entziehen. Bülow verſucht, ihn zur Teil=
nahme an den literariſchen Fehden jener Zeit zu bewegen:
„Gerade deshalb, weil Du nicht mehr weißt, wie es in

dem vertrackten Zeitungstreiben ausschaut, weil Du das
Zeitungsgeschmiere haffest, weil Du den notwendigen
Ekel vor allen Literaten in höchstem Grade mit vollster
Seele empfindest — gerade deshalb bist Du befähigt
und verpflichtet, Liszts Rat nachzukommen und Dich
literarisch zu beschäftigen" (Brief vom 13. Mai 1866).
Die Zweifel darüber, ob er dem sich so deutlich kund=
gebenden Drange des Herzens nachgeben dürfe, oder der
vernünftigen Überlegung, die ihn auf ein „praktisches
Wirken" verweist, Gehör zu schenken verpflichtet sei, ver=
setzen ihn in selbstquälerische Stimmung. Gelegentlich
der bevorstehenden Aufführung eines seiner Werke schreibt
er an seine Frau: „Was ich will, weiß ich wohl, aber
ist es auch das Richtige? Bei dieser Frage geht einem
das Verständnis auf für die bodenlosen Abgründe Le=
nauscher Melancholie. Du wirst vielleicht bald unter den
Klängen einer entsetzlichen Katzenmusik dahinter kommen,
daß ich Armer nur einer Einbildung nachjage." Die
menschenscheue Abgeschlossenheit seines Bruders Carl er=
scheint ihm bewundernswert. „Man denke sich ihn, allen
Freuden des Lebens mit Verachtung den Rücken gekehrt, nur
dem Einen lebend. Prachtvoll, solch ein Anblick stärkt."
    Was konnte ihn, seiner Denkungs= und Anschauungs=
art, die Welt auch bieten? Bezeichnete er doch geradezu
als Wurzel des Unbehagens im Umgang mit ihr, daß
die eigenen Ideale nicht die anerkannten seien. Damit
verlangte er aber von der Allgemeinheit etwas, das sie
nicht leisten konnte und niemals geleistet hat. Er über=
sah die aristokratische Eigenschaft des Idealen, immer
nur von wenigen verstanden zu werden. Freilich, er

hätte keine Künstlernatur sein dürfen, wenn sich nicht
sein ganzes Streben darauf konzentriert hätte, seinem
Ideale zum Siege zu verhelfen. Daß dieser Sieg aber
mehr ein Bezwingen als ein Überzeugen genannt werden
muß, daß immer ein unverstandener Rest bleibt, der
gerade das Tiefste und Wesentlichste jedes Ideals in sich
schließt, das zu glauben konnte er nicht über sich bringen.
Und weil er mit so optimistischen Erwartungen an das
Leben herantrat, deshalb mußte es ihn enttäuschen. Er
sah nicht die Welt, wie sie ist, aus ihr zu gewinnen
suchend, was sie in ihrer Unvollkommenheit zu bieten
vermag, sondern er suchte seine Welt. An ihrer Stelle
fand er etwas Kaltes, Fremdes, das um so fremder war,
als es ihm von vornherein nicht der Mühe wert schien,
seine, der eigenen so verschiedene Art zu verstehen. Jeder
Wunsch, der sich nach dieser Richtung bewegte, barg den
Stachel der Enttäuschung in sich. Darum mußte Ritter
als letztes Mittel, sich mit dieser Welt abzufinden, ein
Nirwana der Wunschlosigkeit erscheinen. Die Erfüllung,
nach welcher seine leidenschaftliche Seele rang, fand er
ausschließlich in sich, im Reiche seiner Ideen. Mit Notwendigkeit gelangte er zur Philosophie Schopenhauers,
die ihm als einzigen Zustand, der vor Enttäuschung bewahrte, das künstlerische Schauen wies. Nicht ein pessi-
mistisch resigniertes Abwenden von der Welt wurde in
ihm durch diese Erkenntnis veranlaßt — das würde der
warmblütigen Energie seines Wesens widersprochen
haben — aber wie oft er auch in Zukunft als Kämpfer
für seine Überzeugung mit der Außenwelt in Berührung
trat, Schopenhauer hatte ihm diejenige Bewertung ge-

lehrt, welche ihn die Nichterfüllung seiner hochgespannten
Erwartungen leichter ertragen ließ, und vor allem, er
hatte ihm die Bestätigung seines Herzensdranges gegeben,
dem er nun mit ruhigem Gewissen folgen durfte. Was
ihn später wieder bewog, eine praktische Betätigung zu
suchen, waren rein äußere Anlässe.

Doppelt unentbehrliches Lebenselement wurden ihm die
erneuten Kundgebungen des Genius, wie er sie durch
Wagner und Liszt erfuhr. Sie beide waren die Götter
jener Welt, in welcher allein er das Glück seines Künstlertums sah. Daraus mag die Bedeutung der Erlebnisse
bemessen werden, die für ihn die Münchner Aufführungen
des Tristan (1865) und der Heiligen Elisabeth (1866)
unter Bülow, die Graner Messe in Amsterdam unter
Liszt (1866) und endlich die Bekanntschaft mit dem
Klavierauszug der Meistersinger (im Jahre 1868) waren.
Der erste Blick schon in dieses Werk versetzte ihn in
einen Jubel des Entzückens. Seine in Berlin weilende
Frau muß daran teilnehmen:

„Ich sitze am Teetisch — die Türen nach dem Saal
auf — in diesem die Fenster auf — wo die herrlichste
Maimondnacht hereinscheint und durch die Nachtigallen
hereinklingt — und vor ein paar Stunden habe ich
Deinen lieben Brief bekommen und — seit Mittwoch
habe ich angefangen, die Meistersinger zu
kennen!!!! Das müßte eigentlich genug sein, um Dich
zu der Überzeugung zu bringen: ja, dann denkt er jetzt
mit so rasender Sehnsucht an mich, daß er mir unmöglich schreiben kann! Diese Überzeugung hast Du aber
nicht, und will ich die ganz unbeschreibliche Freude, die

uns Dein heutiger Brief gemacht, nicht mit schwarz=
gelbem Undank vergelten, so muß ich mich doch ans
Schreiben machen ..... Ganz und gar um und unge=
rüttelt und durchgerüttelt haben mich aber die Meister=
singer. Ich faßte nämlich Mut in ‚des Nichts mich
umgebenden Gefühle‘ — steckte die zwei letzten 20=Francs=
stücke von Mutter ins Portemonnaie, ging zu Barth und
frug: Was kost' Berlin? oder nein, ich frug: ‚Haben
Ew. Wohlgeboren vielleicht durch eine ganz wunderbare
Laune des Zufalls den neuerschienenen Klavierauszug der
Meistersinger?‘ Und sie hatten ihn! (woher, ist mir
heute noch unerklärlich). Meine 18 fl., wofür ich viel=
leicht in der nächsten Woche noch meinen Kindern hätte
Brot kaufen können (wenn nämlich der .verfl. russische
Wechsel noch länger ausbleibt), flogen auf den Ladentisch
und ich mit dem Klavierauszug wie ein Besessener nach
Hause. Seitdem habe ich fünf Tage daran gesessen,
ein paarmal auch die Nächte durch, und habe darin gefun=
den, was ich suchte: unser Gott lebt! und schickt uns, wenn
wir zaghaft werden, Abgesandte, die von ihm zeugen und
unseren Glauben wieder stärken. Ein solches unmittelbares
Werkzeug des ‚großen Unbekannten‘ ist Richard! —“
　Erhöhte Sicherheit und Kraft gaben solche Eindrücke
der geistigen Entwicklung jener Jahre, welche Ritter die
innerliche Entscheidung zugunsten seines schöpferischen
Berufes brachten. In seinem Schaffen bewegte sich
Ritter in der ersten Würzburger Zeit noch in der Form
der absoluten Musik. 1865 entstand eine glänzend wir=
kende „Festmusik“, 1865—66 ein Streichquartett
in Cmoll, das einige Jahre später als op. 1 veröffent=

licht wurde. Der Umgang mit dem freisinnigen und
toleranten späteren Erzbischof Dr. Schork regte ihn im
Jahre 1867 zur Komposition einer Reihe kleinerer Orgel=
stücke an, die in dem von Liszt und Gottschalk heraus=
gegebenen Orgelrepertorium aufgenommen wurden. Da=
mals muß auch ein Quintett für zwei Violinen, Bratsche,
Viola und Klavier in Dmoll geschaffen worden sein, für
dessen zeitliche Bestimmung leider genaue Anhaltspunkte
fehlen. Die begeisterte Anteilnahme an den Geschicken
des deutschen Volkes im Kriege gegen Frankreich wurde
Anlaß zur Entstehung einiger patriotischer Kompositionen,
der Frauenchöre „Den Gefallenen" (Karl Zettel),
„Im Eichwald" (Alexandra von Schleinitz), des ver=
schiedenen Bearbeitungen unterzogenen Chores: Macte
Imperator (Felix Dahn), eines weiteren Chores: „An
die Gleichgesinnten" (R. Avenarius); endlich eines
Deutschen Marsches für Orchester. Zur selben Zeit
wurden ein Phantasiestück für Violine und Kla=
vier, zwei Gesangsstücke religiösen Charakters: Tu
solus sanctus und canticum sacrum, und die melo=
dramatische Musik zu Felix Dahns „Graf Walther
und die Waldfrau" komponiert. Je mehr sich Ritter
seines schöpferischen Berufes als des ihm ausschließlich
vorgezeichneten bewußt wurde, desto mehr wandte er sich
von den Formen der absoluten Musik ab und der für
ihn charakteristischen Gattung des Liedes und der Oper
zu. Zwar die wiederholt in Aussicht genommene Kom=
position der „Rosamunde", sowie der flüchtige Plan einer
Oper „Barbarossas Erwachen" wurden fallen ge=
lassen; aber ein neues Drama seines Bruders Carl hatte

er in Paris kennen gelernt: „Olaf", in schwedischer
Sagenzeit handelnd; es fesselte ihn derart, daß er im
Jahre 1868 die Komposition begann. Doch befriedigte
ihn die Lösung des dritten Aktes noch nicht; an den
Wandlungen, welchen die Umdichtung desselben in der
Folge unterzogen wurde, werden wir Gelegenheit haben,
eine bestimmte Seite von Ritters Stellungnahme zum
Kunstwerk sich bis ins Extrem entwickeln zu sehen. — Be=
deuten so die dramatischen Projekte mehr ein erstes, noch
zaghaftes in Fühlung Treten mit der Bühne, so schritt
Ritter auf dem durch „Erklärung" und „Wie sehr ich
dein" kühn betretenen Gebiete des Liedes mit überraschen=
der Sicherheit und Reife des Stiles weiter. Neben einer
Reihe einzelner Lieder entstanden im Jahre 1871 die
„Schlichten Weisen" nach Dichtungen von Felix Dahn.
  Neuen Aufschwung seines Schaffens durfte sich Ritter
durch eine 1872 unternommene Reise nach Weimar zu
Liszt versprechen. Während er in strenger Selbstkritik
bisher keinen Versuch gemacht hatte, seine Kompositionen
der Veröffentlichung zu übergeben, hielt er nun den Zeit=
punkt für gekommen, einen Verleger zu gewinnen. Hierzu
wollte er sich Liszts Empfehlung erbitten und ihm zu
diesem Zweck die für den Druck bestimmten Werke, das
Streichquartett in Cmoll, die Lieder, sowie ein paar
kleinere Violinstücke vorspielen. Reicher noch war der
innere Gewinn, als er erwartet hatte. Nicht nur, daß
Liszt das Quartett „meisterhaft" fand, Rosa von Milde,
die sonst mit ihren Beifallsäußerungen zurückhaltend war,
wurde durch die Lieder, welche sie in einer gesellschaftlichen
Veranstaltung auf der Altenburg vortrug, auf das Nach=

haltigſte gefeſſelt und legte Ritter dringend nahe, einen ge=
planten umfangreichen Zyklus von Zwiegeſängen für Sopran
und Bariton, „Liebesnächte" betitelt, in Angriff zu nehmen.

Wenn Bülow dem Freunde geraten hatte, ſich ſchrift=
ſtelleriſch zu betätigen, ſo hatte er die beſondere Eignung
Ritters hierfür erkannt. Bereits 1865 erſchien eine klar
durchdachte und trefflich verfaßte Broſchüre: „Ver=
fall und Reform. Eine Schilderung deutſcher
Theaterzuſtände nebſt einem Vorſchlag zur Re=
organiſation der Provinzialbühnen", deren Ver=
öffentlichung wohl in erſter Linie auf eine Beſſerung der
Würzburger Muſikzuſtände abzielte. Vom Standpunkte
Schillers aus die Schaubühne als moraliſche Anſtalt be=
trachtend, machte Ritter, um den Theatern den erziehe=
riſchen Einfluß zu ſichern, den bemerkenswerten Vorſchlag,
daß das Tiefernſte und Derbkomiſche am ſeltenſten, das
vorwiegend Heitere mit ernſter Tendenz am häufigſten
vertreten ſein ſollte. Damit hatte er ſeinem eigenen
dramatiſchen Schaffen den Weg vorgezeichnet. Was er
damals ſchon als theoretiſche Forderung ausſprach, die
Pflege der ernſt=heiteren Kunſtgattung, hatte er 10, bzw.
21 Jahre ſpäter in ſeinen Opern: „Der faule Hans"
und „Wem die Krone" durch die Tat vertreten. Außer
dem Aufſatz über die Reform der Theater beſchäftigte
Ritter längere Zeit der Gedanke an eine Geſchichte der
muſikaliſchen Kämpfe der letzten zwanzig Jahre; es blieb
aber nur beim Entwurfe.

Aus dem bisherigen Entwicklungsgange unſeres Künſt=
lers konnte erſehen werden, wie nach einer verhältnis=
mäßig langen Zeit des Schwankens zwiſchen reprodu=

zierender und produzierender Wirksamkeit nun, nach schweren inneren Kämpfen, etwa im Anfang der siebziger Jahre dem Schaffensdrange sein Recht rückhaltlos eingeräumt wurde. Die äußeren Ereignisse schienen diese Entscheidung zu begünstigen. Auf der einen Seite die vereitelten Pläne eines von allzu optimistischen Erwartungen ausgehenden Verkünders seiner Überzeugung, auf der anderen die überwältigenden Eindrücke der Wagnerschen und Lisztschen Werke, die Bekanntschaft mit Schopenhauers Philosophie, der Komponistenerfolg der letzten Reise nach Weimar, alles dies wies auf ein inneres Ausbauen und einsames Schaffen als einzig begehrenswerten Beruf hin. Das Schicksal habe ihn, so hätte man annehmen können, nun auf eine ruhige, keiner Ablenkung unterworfene Bahn geleitet. Da bereitete sich eine Wendung in den äußeren Verhältnissen Ritters vor, welche ihn auf Jahre hinaus in heftigere Kämpfe und härtere Prüfungen stürzte, als er je bisher erlebt hatte; manchem schwächeren Charakter gegenüber wohl geeignet, die Ideale in den nüchternen Sorgen des Alltags zu ersticken, steigerte sie aber eine Natur wie Ritter gerade zu größter Kraftentfaltung. Bevor wir diesen Ereignissen näher treten, verweilen wir kurz bei dem scheinbaren Ruhepunkte in Ritters Leben und werfen einen Blick auf den vom Komponisten bis dahin zurückgelegten Weg.

Was Ritters Kompositionen von Anfang an auszeichnet, ist die Wärme, Leidenschaft und Intensität der Empfindung. Da gibt es keine Stelle, in der nur selbstgefällig musiziert wird, aus jeder Note offenbart sich ein heißer Drang nach künstlerischer Entäußerung; wenn er

sich in den ersten Werken auch noch etwas jugendlich
unbehilflich kundgibt, so zeigt beispielsweise das Streich=
quartett in Cmoll oder das niemals veröffentlichte Klavier=
quintett schon die festen Züge der gereiften Persönlichkeit.
Es ist erstaunlich, wie sicher die trotzig düstere Stimmung
des ersten Satzes oder die der träumerischen Improvi=
sation des Adagios in letzterem Werke erfaßt ist. Eine
reine, adelige und hochgemute Seele spricht aus Ritters
Musik zu uns. Die melodische Linie ist immer weit
ausholend, der Gesamtkonzeption wohnt ein Zug ins
Große, Pathetische inne. Betreffs der technischen Vor=
züge sei auf das schon zitierte Urteil Bülows über die
beiden Violinkonzerte hingewiesen. Wurde Ritter an=
fänglich von dem Wunsche geleitet, wie mancher Geiger,
dankbare und glänzende Stücke für sein Instrument zu
schreiben, so genügte ihm bald die Beschränkung durch
dieses nicht mehr; es drängte ihn zum rein orchestralen
Stil. Fast gewaltsam gibt sich dieser Zug in seinem
zweiten Violinkonzert kund. Hier vergaß Ritter plötzlich
alle Rücksichtnahme auf die konzertierende Geigenstimme
und schob einen langen fugierten Orchestersatz vor dem Fi=
nale ein, welcher, außerordentlich kraftvoll und feurig durch=
geführt, wohl in jedem Solisten die peinliche Empfindung
augenblicklicher Überflüssigkeit hervorrufen mußte. Dies
hatte sich Ritter auch nicht verhehlt und beschloß kurzer
Hand, das Geigenkonzert in ein Orchesterstück zu ver=
wandeln. Bei weitem prägnanter gestaltet, durch Weg=
fall der Solostimme frei in der Entfaltung aller orchestralen
Mittel, war hier ein einheitliches Werk von zündender
Wirkung geschaffen. Daß im Geigenkonzert eine pro=

grammatische Idee schlummerte, hatte, wie wir sahen,
schon Bülow geahnt. In dem Orchesterstück konnte sie
zu klarem musikalischen Ausdruck gelangen, verbarg sich
äußerlich aber noch hinter dem etwas unbestimmten Titel
„Phantasie und Fuge". Erst im Jahre 1894 wurde
sie nach einer neuerlichen Umarbeitung der Öffentlichkeit
unter der, ihre Idee scharf beleuchtenden Aufschrift:
„Sursum corda, eine Sturm= und Drangphan=
tasie" übergeben. Und so sehr hatte der 30jährige
Komponist den rechten Ton getroffen, daß bei Heraus=
gabe des Werkes niemand die frühe Entstehungszeit
ahnte. Höchstens könnte ein aufmerksamer Hörer finden,
daß ab und zu noch das formale Element über das
dichterische die Oberhand gewinnt.

Daß Ritter sich trotz seines Hanges zur Programm=
musik so lange in den Formen der absoluten Musik be=
wegt hatte, war insofern für sein Schaffen von unbe=
streitbarem Vorteil, als er sich hierdurch die technischen
Mittel zur Beherrschung des Formalen angeeignet hatte.
Er selbst sah die Kompositionen jenes Zeitabschnittes,
mit Unrecht, fast lediglich als Versuche an, als deren
Hauptvorzug er die Frische und Ursprünglichkeit der Er=
findung dadurch indirekt gelten ließ, daß er in späteren
Werken oft auf die Thematik dieser älteren Arbeiten
zurückkam. Die Lieder aber lagen ihm von Anfang an
am Herzen; denn er fühlte, daß er hier vom ersten an
seinen eigenen, ganz persönlichen Stil gefunden hatte.
Da sie schon vollkommen im Geiste der späteren Werke
geschrieben sind, so mögen sie auch erst im Zusammen=
hang mit diesen betrachtet werden.

erade, als Ritter sein Lebensweg
immer weiter vom Getriebe der äußeren
Welt hinwegzuleiten schien, gemahnte ihn
ein schriller Mißklang an ihr Dasein und
ihre Sorgen. Ritters Mutter war wohl=
habend, aber keineswegs reich. Nach
ihrem im Jahre 1869 erfolgten Tode
hatte der Sohn zwar kein Erbteil zu
gewärtigen gehabt, da ihm dies schon zu ihren Lebzeiten in
jährlichen Raten ausgezahlt worden war; doch glaubte er,
auf Grund der hierdurch gewonnenen Ersparnisse der Zu=
kunft ruhig ins Auge sehen zu dürfen. Da begann
1872 ein rapider Rückgang des Rubelkurses, der das
kleine, in russischen Papieren angelegte Vermögen Ritters
aufs äußerste gefährdete, nachdem schon eine Reihe von
Verlusten durch allzu „ritterliche" Freigebigkeit an unzu=
verlässige Freunde vorangegangen war. Ritter mußte
zunächst, im Bemühen, die aus Frau und drei Kindern
bestehende Familie sicher zu stellen, wieder Umschau in
der musikalischen Öffentlichkeit, von der er sich gerade
losgesagt hatte, halten, um eine Stellung als Dirigent
zu finden. Und zum erstenmal durften hierbei nicht
ideale, sondern nur rein praktische Gesichtspunkte maß=
gebend sein. Wie sehr dies auch dem bisher unab=
hängigen Künstler contre coeur ging, so handelte es sich
doch darum, rasch zuzugreifen, wo sich Gelegenheit bot.
Die Stellung des städtischen Musikdirektors in Chemnitz
schien für den ersten Augenblick den gewünschten Rück=
halt zu gewähren. Zwar hatte sie künstlerisch nicht viel
Verlockendes an sich — es handelte sich hauptsächlich um

die Direktion von Unterhaltungs= und Vereinskonzerten
— doch war Ritter zu der Hoffnung wohlberechtigt, mit
der Zeit auch die ernste Musik in gebührender Weise zu
Wort kommen zu lassen. Das Probedirigieren hatte
seine einstimmige Wahl zur Folge, ein Antrittskonzert in
großem Stile brachte ihm bei Publikum und Orchester
den glänzendsten Erfolg. Mit aller Selbstbezwingung
trat Ritter sein, ihm so viel Unkünstlerisches bringendes
und deshalb widerwärtiges Amt an. Seinen früheren
„weichherzigen" Optimismus habe er gründlich über Bord
geworfen, um mit Entschlossenheit die Welt zu fassen,
wie sie nun einmal ist. Da täglich ein, oft auch zwei
Konzerte stattfanden, da er in der ersten Zeit auch die
geschäftlichen Angelegenheiten, Gagen, Engagements, Ver=
handlungen mit Vereinen usw. allein zu erledigen hatte,
außerdem mit seinem Orchester für die Kirchenmusik
aufkommen mußte, so war jeder Gedanke an eigene Ar=
beit, wohl auch jede Freudigkeit hierfür ausgeschlossen.
Aber noch half ihm die Hoffnung auf Veranstaltung von
Symphoniekonzerten über die Unerquicklichkeiten hinweg.
Bald wurde er aber inne, daß die Kontraktverhältnisse
mit dem Theater dieses zum völligen Herrn über das
Orchester machte, welch letzteres nicht einmal für die
nötigen Proben zu den Unterhaltungskonzerten, geschweige
denn jemals zu Symphoniekonzerten zur Verfügung stand.
Hierzu kamen Mißhelligkeiten mit dem Orchester selbst.
Ritter hatte die Entdeckung gemacht, daß keinerlei Dis=
ziplinarordnung existierte. Um ein strafferes Regiment
führen zu können, sollte eine solche ausgearbeitet werden.
Derartige Reformideen behagten aber dem Orchester nicht,

was es in plumper und beleidigender Weise zum Aus=
druck brachte. Dies alles verleidete endlich Ritter seine
Stellung bis zur Unerträglichkeit. Sich in die „plebejische
Balgerei mit der Welt" zu finden, war ihm nicht ge=
geben. Im März 1873 trat er zurück und kehrte zu
seiner in Würzburg verbliebenen Familie heim.

Die tiefe Verstimmung der folgenden Zeit wurde nur
durch den Lichtblick eines einmonatlichen Aufenthalts in
Bayreuth unterbrochen, wohin die Familie Ritter zur
Geburtstagsfeier Wagners geladen worden war. Ritter
dirigierte zum festlichen Zwecke einige Orchesternummern.
Der tägliche freundschaftliche Umgang mit Wagner ließ
ihn alle Sorgen vergessen. Voll Freude berichtete er
seiner schon vorher zurückgereisten Frau, daß der Meister
im Hinblick auf sie in einem fort darüber erstaune, „daß
einmal zwei Menschen von gleicher intellektueller Be=
gabung auch von einer gleich edlen und tiefen Leiden=
schaft einander zugeführt worden sind". Der Zweck des
längeren Verbleibens Ritters in Bayreuth war der Wunsch
Wagners, mit ihm, Ritters Neffen Alexander Kummer
und zwei noch zu gewinnenden Künstlern ein Ensemble
zusammen zu stellen, dem er die letzten Beethovenschen
Quartette einzustudieren beabsichtigte. Zum großen
Schmerze Ritters scheiterte der Plan an der Absage der
beiden noch fehlenden Quartettgenossen. Wagners ver=
lockender Aufforderung aber, sich mit seiner Familie
dauernd in Bayreuth niederzulassen, durfte Ritter nicht
nachkommen; denn seine Vermögensverhältnisse hatten
sich durch den steten Rückgang des Rubelkurses noch be=
deutend verschlechtert.

Seine wirtschaftliche Existenz auf feste Grundlagen zu
stellen und rasch über erhebliche Einnahmen zu verfügen,
hatten ihm Freunde als sicherstes Mittel geraten, eine
Musikalienhandlung zu eröffnen. Nun konnte Ritter
nichts ferner liegen, als irgend ein kaufmännischer Beruf.
Seine Ratgeber hatten übersehen, daß zur gedeihlichen
Durchführung eines derartigen Unternehmens vor allem
ein gewisser Geschäftsgeist gehört, welcher ihm vollständig
fehlte. Erziehung, Charakter und Geistesanlagen, sie alle
wiesen ihn genau den entgegengesetzten Weg, und nun
auf einmal in seinem 42. Lebensjahre sollte dieser welt=
fremde Künstler einen Beruf ergreifen, der mitten in die
nüchternste und trockenste Wirklichkeit führt, der zum
erstenmal zwänge, der Stimme des Publikums, dem Ge=
schmack der Öffentlichkeit, der Mode und wie diese schönen
Dinge alle heißen mögen, aufmerksames Gehör zu schen=
ken; was er früher geringschätzig als Äußerungen einer
platten Majorität ansah, sollte nun zum wichtigsten
Faktor des Geschäftsinteresses werden. Aber noch größere
innere Verluste drohte ihm ein solcher Entschluß zu
bringen. „Um des Lebens willen" müßte er den charak=
teristischen Gehalt des Lebens verleugnen. Denn nicht
nur, daß er in seiner neuen Lebensstellung keinerlei inner=
liche Befriedigung würde finden können, so würden ihre
ungewohnten und alle Kraft und Zeit absorbierenden
Ansprüche ihm auch den Verzicht auf eigenes Schaffen
auferlegen. Deshalb hatte der Rat der Freunde für ihn
etwas Erschreckendes. Die schwerwiegenden Bedenken,
die Abneigung und das Sträuben seines ganzen Fühlens
konnte endlich nach langem Kampfe nur eines über=

FRANZISKA RITTER.

winden: der Gedanke an seine Familie. In der Liebe
zu ihr wurzelte sein Wesen ebenso fest wie in seiner
Kunst; die Sorge um sie war ihm keine äußerliche Ver=
pflichtung, sondern entsprang tiefinnerlicher Notwendig=
keit. Als ihm zu der dreiköpfigen Kinderschar noch ein
Töchterchen geschenkt wurde, da war sein Entschluß ge=
reift, die Stimme des Herzens zu ¡verleugnen und der
dira necessitas zu gehorchen.

Um sich die nötigen Vorkenntnisse anzueignen, tritt
Ritter im März 1875 in das Geschäft des Musikalien=
händlers Pabst in Leipzig als Volontär ein. Sonder=
bar und fremdartig genug erscheint ihm die neue Um=
gebung: „den ganzen Tag, d. h. gerade in meinen Frei=
stunden hörte ich absolut nichts als von Prozenten und
Rabatt, von ehrlichen und spitzbübischen Kommis, von
gutem und schlechten Geschäftsgang und Ostermessen
reden". So wenig anziehend ihm seine Tätigkeit ist, so
läßt sie ihn den Tag über doch nicht zu peinigenden Ge=
danken über seine Lage und die fernen Lieben kommen.
Von früh 9—1, und nachmittags 3—7 ist er ununter=
brochen beschäftigt. Er wollte, er wäre es auch die
Nacht durch. „Könnte man nur auch nachts so blöd=
sinnig Noten sortieren, ganz ohne zu denken! Ich bin
nicht mehr jung genug für diese Geschichten: es packt
mich zu fürchterlich! Aber es muß, muß, muß ja sein;
also halten wir nur stille." Sein Chef ist zuvorkommend
und bittet ihn, sich nicht zu strenge an die Bureaustunden
zu halten; Ritter aber will von Erleichterung nichts
wissen. „Nach meiner jetzigen Einsicht glaube ich wohl,
die genaue Kenntnis der ganzen Sache mir in einhalb

oder dreiviertel Jahren aneignen zu können, doch be=
zweifle ich sehr, daß ich es zu der Fähigkeit bringen
werde, diese Kenntnis nun so raffiniert anzuwenden, wie
es ein gewiegter Geschäftsmann eben muß; denn dazu
gehört, glaube ich, eine den ganzen geistigen und emp=
findenden Menschen durchdringende und erfüllende
Geldgewinnsucht — eine Art also, die ich mir wohl
kaum werde geben können". So standhaft Ritter seine
Pflichten auf sich nimmt, so entschwindet ihm doch jede
Freudigkeit und Zuversicht; Licht bringen in sein Dasein
nur die Briefe seiner Frau. „Das fortwährende Sich=
einprägen des Gedankens, daß dies Leben nichts als eine
grauenvolle Täuschung ist, und nur die Liebe in uns
ewig bleibt, tröstet mich und Dich". Die Zukunft liegt
düster und freudlos vor ihm. „Heiter sein ist wohl für
uns gewesen, auf dieser Welt nicht mehr." Der Ge=
danke, seinem Schaffen entsagen zu sollen, ist ihm un=
faßbar: „Es schien mir unmöglich, daß ich mich auf
immer von Musik abgewendet haben sollte". In einem
Liede wenigstens sucht er das gequälte Herz frei zu singen,
dem „Trostliede", das mit dem zarten Anklang an
„Ein' feste Burg" schließt.

Je mehr ihn das tägliche Leben von der Kunst ab=
zieht, desto mehr scheint ihm alle Rettung in ihr zu
liegen. Mit Leidenschaft verlangt es ihn nach ihrem
lindernden Zauber. Den Seinen ruft er zu: „Macht
viel Musik, es ist das Einzige auf dieser Welt". Er
versäumt keine Gelegenheit, die ihm musikalische Eindrücke
verschafft. Vorübergehend bieten sich auch für seine
Kompositionen günstige Aussichten. Das Quartett wird

im Gewandhaus zur Aufführung gebracht, die Orgel=
stücke werden in einem Konzert der Thomaskirche gespielt,
in dem Tonkünstler Riemenschneider findet er einen be=
geisterten Anwalt seines Schaffens und anregenden Um=
gang. Aber dies alles darf sein Augenmerk nicht von
dem nächsten Ziele, der bevorstehenden Geschäftsgründung
ablenken. Nach zahlreichen Projekten kommt er zu dem
Entschlusse, es in Würzburg, wo er die Verhältnisse ge=
nau kennt, und wo Bedürfnis nach einer Musikalien=
handlung vorhanden zu sein scheint, zu versuchen.

Die folgenden sieben Jahre bringen keine wesentlichen
Änderungen im äußeren Lebensgange Ritters, desto ein=
schneidendere aber in seinem inneren. In unerreichbarer
Ferne sieht er das Glück des Schaffens liegen; absorbiert
doch das Geschäft seine ganze Zeit. Noch schlimmer
scheint es zu werden, als er nach zwei Jahren, deren
Erträgnis hinter dem Voranschlag zurückblieb, den Ge=
schäftsführer entlassen muß und ausschließlich auf seine
eigene Arbeitskraft angewiesen ist. Da ereignet sich das
Seltsame, daß gerade unter dem Druck dieser Verhält=
nisse sein Schaffensdrang mit solcher Macht wieder auf=
flammt, daß er, alle Hindernisse siegreich überwindend,
Ritter mit einemmal über die Trostlosigkeit seiner
äußeren Lage erhebt. Seine Muse, der er die Treue
seines reinen Glaubens bewahrt hatte, sie ist auch ihm
treu geblieben. Zu ihr kann er sich nun flüchten, um
durch ihren Weihekuß ganz wieder der zu werden, den
er schon in sich erstorben wähnte, ganz schaffender
Künstler. Er beginnt mit fieberndem Eifer sein erstes
dramatisches Werk, den „Faulen Hans“. Früh um

5 Uhr steht er täglich auf, um vor den Bureaustunden dichten und komponieren zu können. „Mit wahrer Wut" arbeitet er und fühlt sich dabei nur immer erfrischter. „Ich kann Dir nicht sagen, mit welch einem Enthusiasmus ich jetzt an meiner Arbeit bin . . . Mein Wunsch, es zu vollenden, wird immer brennender, seit mir die Geschichte in Partitur so herrlich Leben gewinnt." Berauschend wirkt das über ihn gekommene Gefühl „vollständigen Könnens". So mit einem Schlage fast wunderbar aus der gedrücktesten Stimmung in den Glückszustand des von Gott Begeisterten versetzt, wendet er den sinnenden Blick nach rückwärts, den eigentümlichen Lauf seines Lebens überschauend, der ihn in dem Augenblick, als er der Kunst am fernsten zu sein glaubt, mitten in ihr Zauberreich führt: „Sollte es in mir wirklich an etwas Besonderem arbeiten? Ich glaube es wirklich jetzt manchmal, wenn ich den ursonderbaren Gang überdenke, den meine menschliche, also auch künstlerische Entwicklung zurückgelegt hat; scheinbar meistens fürchterlich kreuz und quer, und doch dabei immer so auf ein Ziel los! Gott helfe mir, ich glaube dran! und wenn ich mich irre, soll man mich totschlagen!" Dem damals in Würzburg weilenden Hermann Zumpe werden die eben komponierten Teile vorgespielt; aus dessen Begeisterung schöpft sich Ritter immer neue Stimmung und Zuversicht. Alles in ihm ist auf die eine Tätigkeit konzentriert. Da gibt es nicht, wie früher, Pläne, welche ihn immer wieder nach Seite der Reproduktion ablenken; denn die äußere Lage schließt dies vollständig aus. Freilich steht er durch seinen Beruf mehr als je in der Öffentlichkeit; allein das

ALEXANDER RITTER
Ende der siebziger Jahre.

Leben, das er nach außen zu führen gezwungen ist, ist
so bar jedes Berührungspunktes mit seinem Innenleben,
daß sich zwischen beiden eine Mauer aufzurichten scheint,
durch die der Lärm des Tages nicht zu dringen vermag.
Zu größtem Vorteil gereicht seiner Entwicklung, was für
die meisten hätte verhängnisvoll werden müssen. Im
Frühjahr 1878 liegt die Oper vollendet vor, bis auf die
Ouvertüre, welche erst im nächstfolgenden Jahre an die
Stelle der ursprünglichen kurzen Einleitung tritt.

Und nun sollte Ritter durch sein Werk von neuem,
wenngleich in anderer Weise, mit dem Theater in Berührung kommen. Schon im Winter 1877—78 spielte
Zumpe dem auf Gastspiel durchreisenden Heinrich Vogl
Bruchstücke des „Faulen Hans" vor, die bei letzterem der-
artig begeisterten Anklang fanden, daß er Ritter auf-
forderte, die Oper sofort nach Beendigung der Münchner
Hofbühne einzusenden; er selbst wolle die ihm prachtvoll
liegende Partie des Hans singen. Ritter reichte denn
auch das Werk in der sicheren Erwartung seiner Annahme ein; er rechnete aber nicht mit der üblichen
Interesselosigkeit für neue Schöpfungen. Nach depri-
mierenden Erfahrungen, die ihn vor allem über die
Flüchtigkeit belehrten, mit der über Einsendungen zu Ge-
richt gesessen wird, gelang es erst im Jahre 1880 Bülows Einfluß, die Aufmerksamkeit des Münchner Hof-
theaters neuerdings auf den „Faulen Hans" zu lenken, der
dann endlich, wie wir noch hören werden, 1885 in
Szene ging. Auch anderwärts war das Glück seinem
dramatischen Erstlingswerk nicht hold. In Hannover
beabsichtigte es Bülow zu bringen; er schrieb im De-

zember 1879: „Bronsart" (damals Intendant der Han=
noverschen Hofoper)" hat Buch und Musik sehr goutiert,
trotzdem er beides ultrawagnerisch findet; stimmt mit mir
überein, daß man sich für etwas so Interessantes wieder
interessieren muß — nach Kräften. Hierüber — über
den Zeitpunkt, wo unser vouloir zum pouvoir werden
kann, hat er mir versprochen, Dir baldigst das Nähere
zu schreiben, Dir auch Vorschläge zu machen bezüglich
Deiner dazu nötigen Mitwirkung. Letztere wird in einem
nicht allzu kurzen Besuche Hannovers bestehen müssen,
verknüpft mit persönlicher Bekanntschaft tauglicher Sub=
jekte für den ‚F. H.‘". Da trat im Jahre 1880 das
Zerwürfnis zwischen Bülow und der Berliner General=
intendanz, welche ihm gegen einen widerspenstigen Sänger
die Unterstützung versagte, ein, demzufolge Bülow seinen
Abschied nahm. Mit seinem Weggang war auch das
Schicksal des „Hans" in Hannover besiegelt. In Frank=
furt a. M. versuchte Zumpe, eine Aufführung durchzu=
setzen, ohne daß ihm dies gelang. — Bei seinem Verkehr
mit den Theaterbehörden konnte Ritter die sonderbarsten
und widerspruchsvollsten Urteile hören. Hoftheater rieten
ihm, es auf einer kleinen Bühne, für welche der intime
Rahmen des Einakters geeignet sein werde, zu versuchen,
kleinere Bühnen hinwiederum erklärten sich außer Stande,
die Besetzungsschwierigkeiten zu lösen, für die nur ein
Hoftheater in Betracht kommen könne; von dritter Seite
wurde ihm gar geraten, den „Faulen Hans" im Konzert=
saal aufzuführen, da dieser für den „allegorischen Cha=
rakter" des Ganzen günstiger sei.

So blieb Ritter das Martyrium des schaffenden

Künstlers nach keiner Richtung hin erspart. Seine
Schaffenslust aber konnte ihm dies auf dem nun ge=
wonnenen Standpunkt nicht beeinträchtigen. Schon vor
dem Aufenthalt in Leipzig war eingedenk der Anregung
Rosa von Mildes der Zyklus „Liebesnächte" voll=
endet worden (1872—74). Nach dem „Faulen Hans"
in den Jahren 1879—82 entstand eine ganze Reihe
seiner schönsten und bedeutendsten Lieder. Im Gegensatz
zu der herzhaften Frische der Oper verraten manche von
ihnen eine tiefe Schwermut, die ihn die letzten Jahre nur
zu eindringlich gelehrt hatten.

Bei aller Genugtuung über das rüstig vorwärts=
schreitende Schaffen blieb es doch Ritters brennender
Wunsch, seine äußere Lage möglichst bald verändert zu
sehen und aus der Kaufmannswelt wieder in die Kunst=
welt zurückzukehren. Diese ersehnte Änderung sollte end=
lich im Jahre 1882 durch Bülow herbeigeführt werden,
der bei öfteren Besuchen in Würzburg sich von der Un=
haltbarkeit der Sachlage überzeugte und freundschaftlich
auf Abhilfe sann. Sein Vorschlag ging dahin, Ritter
möge einstweilen das Geschäft einem Stellvertreter über=
geben, bis es vorteilhaft verkauft werden könne, selbst
aber mit der Familie nach Meiningen übersiedeln, um
dort neben Konzertmeister Fleischhauer ins Orchester ein=
zutreten; seine Frau möge eine Schule für dramatischen
Unterricht gründen, welcher eine besondere Anziehungs=
kraft durch die Begünstigung des freien Eintrittes zu
Schauspielaufführungen und Proben verliehen werden
könne, zu deren Erlangung Bülow sich erbötig machte.
Ein Besuch Ritters in Meiningen erwies Bülows Plan

als durchaus ausführbar und verlockend. Die Leitung
des Geschäftes wurde einem Vertrauensmann übergeben.
Im Herbst des Jahres verließ Ritter mit seiner Familie
Würzburg, aufatmend, daß er der so kummervollen und
bedrückenden Existenz der letzten Zeit den Rücken kehren
konnte, um auch nach außen wieder Künstler heißen zu
dürfen, in welchem Namen ihm der Wert des Lebens
umschlossen war

ls Ritter den Meininger Boden
betrat, war es ihm wohl faſt, als kehre
die ſchöne Weimaraner Zeit wieder;
denn wie damals ſpürte er hier den
ſtarken Pulsſchlag künſtleriſchen Lebens,
und konnte ihm auch ſein heißverehrter
Meiſter Liſzt nicht erſetzt werden, ſo
war er doch abermals Zeuge des Wir=
kens einer genialen Perſönlichkeit. Obwohl täglich von
9—1 Uhr Proben ſtattfanden, in denen Bülow vom Orche=
ſter das Letzte verlangte, blieb Ritter jede Spur von Müdig=
keit ferne, und er erzählte mit unbedingteſter Bewunderung,
wie Bülow es vermochte, dem Orcheſter den Geiſt der
Werke zu erſchließen und ſein Intereſſe ſtets auf das In=
tenſivſte wach zu halten. Auch perſönlich ſtand Ritter mit
ſeinem Freunde in lebhaftem Verkehr und empfing hier=
durch eine Anregung, welche er in Würzburg gänzlich ent=
behrt hatte. Bald verſammelte ſich um ihn auch ein Kreis
junger Schauſpieler, wie Karl Weiſer, Alexander Barthel,
Wilhelm Arndt, welche durch die ungemein geiſtvolle und
belebende Art der Unterhaltung, wie ſie Ritter zu führen
wußte, gefeſſelt waren; da wurde auf das Eifrigſte über
Auffaſſung von Rollen und andere künſtleriſche Fragen
debattiert. Ritter mag damals ſchon ſeine beſondere
Gabe überzeugender Eindringlichkeit und ſchlagender dia=
lektiſcher Gewandtheit des Geſprächs entdeckt haben, die
ihn ſpäter in München ſo tiefgehenden Einfluß auf eine
Anzahl junger Künſtler gewinnen ließ. Natürlich zählte
die Familie Ritter zu den eifrigſten Beſuchern des The=
aters; nun Ritter ſelbſt als ſchaffender Künſtler das

dramatische Gebiet betreten hatte, war ihm der neuerliche
Einblick in das Schauspielwesen von doppelter Bedeutung.

Ein frischer Zug kam in Ritters Leben durch die
Konzertreisen des Orchesters unter Bülow. Er fühlte
sich durch die empfangenen Eindrücke und durch die ganze,
ihn mit wahrer Befriedigung erfüllende Art des Musi=
zierens so verjüngt, daß er alle Strapazen spielend über=
wand. Entzückt berichtete er seiner Frau über die Schön=
heit der Münster zu Straßburg und Freiburg, über die
landschaftlichen Reize von Wien, Graz und Pest, über
die Zigeunerkapellen, deren genialen Improvisationen er
und Bülow unermüdlich lauschten. So nachhaltig war
die Einwirkung dieser reichbewegten Tage, daß er ver=
meinte, wäre eine solche Zeit früher für ihn angebrochen,
durch ihre reorganisierende Kraft ein anderer geworden
zu sein, dem mehr Elastizität im Verkehr mit der Welt
gegeben gewesen wäre. In diesem Sinne klagte er
seiner Frau: „Wäre es mir nur im Leben etwas besser
gegangen — d. h. auswendig, Du weißt schon, wie ich's
meine — ich wäre sicher länger frisch geblieben, vielleicht
besser geworden, jedenfalls brauchbarer, mit der Welt
zusammenhängender". Solch strenge Selbstkritik ist nur
Sache desjenigen, der auf der anderen Seite das Bewußt=
sein eigenen Wertes in sich trägt.

Eine spätere Konzertreise führte das Orchester auch
nach Hamburg. Dort war es Zumpe gelungen, den
„Faulen Hans" zur Annahme zu bringen. Die Proben
waren in vollem Gange, und Ritter sollte nun zum ersten=
mal Bruchstücke aus seinem Werke hören. Alle Be=
teiligten waren Feuer und Flamme für ihre Partien, die

meiſten ſangen ſchon auswendig. Die innige, kindliche
Freude darüber, die ſich in Ritters Berichten äußert, wird
doppelt gewürdigt werden, wenn man ſich vor Augen
hält, wie wenig er von ſeinen Kompoſitionen bis dahin
gehört hatte. Er verſtand es nicht, ſein eigener Anwalt
zu ſein oder mit kaufmänniſcher Beredſamkeit und mit
jener fatalen, aber leider oft zum Ziele führenden Praxis
hartnäckiger Zudringlichkeit, ſeine Werke als gute Ware
anzupreiſen. Daß ihn vor ſolchen unangenehmen Eigen=
ſchaften ſeine Beſcheidenheit und — ſein Stolz bewahrten,
mußte er zeitlebens büßen. Nun aber ſtand die Auf=
führung vor der Türe; für April war ſie in Ausſicht
genommen. Daß ſie vortrefflich würde, konnte man aus
den Proben erſehen. Plötzlich wurde ein dreiwöchent=
licher Wagnerzyklus, von dem früher nicht die Rede war,
eingeworfen, die Oper auf Mai, dann auf die nächſte
Saiſon, und endlich ad calendas Graecas verſchoben,
wie es ſcheint, aus eiferſüchtigem Grolle der Direktion
auf München, welches das Vorrecht der Erſtaufführung
beſaß.

Dieſes Theater entſchloß ſich nun endlich zur Auf=
führung und brachte hierdurch Erſatz für die Enttäuſchung
in Hamburg. Im Oktober 1885 fuhr Ritter nach München
um den Proben beizuwohnen. Wiederum konnte er die
für einen Komponiſten genugtuende Erfahrung machen,
daß alle Mitwirkenden mit Luſt und Liebe bei der Sache
waren. Beſonders Hermann Levi zeigte ſich von ſeiner
Aufgabe erfüllt, Anton Fuchs ließ der ſzeniſchen Dar=
ſtellung alle Vorzüge ſeiner Regieführung angedeihen,
Heinrich Vogl verſprach ein glänzender „Hans“ zu

werden. Am 15. Oktober fah Ritter sein Werk zum
erstenmal vor seinen Augen erstehen, und in dieser Stunde
mag mancher schwere Seufzer aus harter Zeit, noch un-
gelöst und verschwiegen, in tiefem und glücklichem Auf-
atmen sich der Brust entrungen haben. Er durfte
glauben, dies sagten ihm die Töne, die, seinem Herzen
entklungen, nun wieder zu ihm sprachen, er durfte
hoffen, dies kündeten ihm der jubelnde Beifall der Zuhörerschaft, die begeisterten Urteile maßgebender Persönlichkeiten. Nicht nach den äußeren Ehren dieses Erfolges
geizte er, deshalb blieb er auch von allen Nächstbeteiligten
der Ruhigste; aber daß er endlich einen Widerhall aus
jener Welt vernahm, der er sich durch die Töne seines
Werkes mitteilte, daß er hoffen durfte, seine Ideale durch
das Medium seiner Schöpfungen in der Öffentlichkeit
lebendig werden zu lassen, darin lag für ihn die Bedeutung
jenes Erfolges. Denn wir hörten, daß er sein Schaffen
mehr oder weniger nur als Mittel zum Zweck der Verbreitung seines Evangeliums auffaßte. Weniger als
manchem andern lag ihm das Schicksal seiner Kompositionen am Herzen, mehr aber als den meisten das-
jenige seiner durch sie zum Ausdruck gelangten Ideale.
Nicht überkühne Wünsche knüpfte Ritter an diesen Abend,
aber eine stille Ruhe kehrte in ihn ein. Der Zukunft
sah er zuversichtlicher entgegen. „Ob ich nun wohl
hoffen darf, daß sich die letzten Jahre meines Lebens
etwas freudiger gestalten werden? Ich denke doch. Ist
es mir ja schon ein ganz erhebendes Gefühl, nun doch
zu wissen, wofür ich arbeite — nicht mehr für den
Schreibkasten.“

Ein bitterer Wermutstropfen fiel in die Freude jenes
Ereignisses. Liszt, der eigens zur Aufführung des ihm
gewidmeten Werkes seines Jüngers und zu der des am
selben Abend gegebenen „Barbier von Bagdad" nach
München eilte, hatte durch Zugverspätung den Anschluß
in Meiningen versäumt und erschien erst nach dem „Hans"
zu Beginn des „Barbier" in der Loge. Geschäftige
Neider deuteten diesen Umstand als demonstrative Be-
kundung der Interesselosigkeit für das Rittersche Werk,
wobei sie unterließen, mit der stets unverhohlen geäußerten
Sympathie Liszts für unseren Künstler, sowie mit der,
eine solche Handlungsweise absolut ausschließenden Vor-
nehmheit seines Charakters zu rechnen.

Mit erhöhter Leistungsfähigkeit wandte sich Ritter nun
wieder seiner Tätigkeit in Meiningen zu. Wie außerordentlich befriedigend diese auch war — Ritter selbst
bezeichnete die Meininger Jahre als seine glücklichsten —
so ließ sie doch den einen Wunsch offen: die Werke der
beiden großen Meister zu hören, die ihm die nächsten
waren. Einen Ausgleich für diesen Mangel fand er in
Bayreuth. Schon im Jahre 1876 Zeuge jenes großen
Tages, an welchem durch die Riesenkraft eines Mannes
die deutsche Nationalbühne geschaffen wurde, führte ihn
in den Festspieljahren 1883, 84 und 86 die Mitwirkung
im Bayreuther Orchester immer tiefer in den Geist der
Wunderwerke ein. Für den Verzicht auf die Schöpfungen
Liszts wurde ihm erst später durch die Konzerte des
Porgesvereins in München, sowie durch die Aufführung der „Heiligen Elisabeth" unter Mottl in Karlsruhe Ersatz.

Dem Glückszustand der Meininger Zeit bereitete ein
äußeres Ereignis das Ende: Bülow trat im Frühjahr
1886 von der Leitung der Konzerte zurück. Mit seinem
Scheiden hörte das „Bülow=Orchester" auf zu existieren;
mit ihm verlor auch für Ritter der Aufenthalt in Mei=
ningen jede Anziehungskraft. Er beschloß, nachdem er
nun endlich auch der Sorge um die Musikalienhandlung
durch einen, freilich keineswegs günstigen Verkauf ledig
geworden war, diese Stadt, die ihm fortan nur weh=
mütige Erinnerungen geweckt hätte, zu verlassen. Für
die Wahl des Ortes war eine Persönlichkeit mit ausschlag=
gebend, welche, vor kurzem erst mit Ritter in Verkehr
getreten, bald ihm so nahe stand, daß sie fortan mit
seinem Leben unzertrennlich verknüpft war: der jugend=
liche zweite Kapellmeister des Meininger Orchesters,
Richard Strauß. Aufgewachsen in streng akademischer
Korrektheit, auf der äußersten Rechten der musikalischen
Parteien stehend, fühlte er sich zum radikalen Vorkämpfer
der modernen Kunst so hingezogen, daß kaum ein Tag
verging, an dem er nicht im Hause seines rasch ge=
wonnenen väterlichen Freundes verkehrte. Für Ritter
bedeutete dieser Umgang zunächst ein verjüngendes und
belebendes Element, das er freudig willkommen hieß.

Strauß nun sollte im Herbst in München ein Enga=
gement an der Hofoper antreten. Als er von Ritters
Plan, Meiningen zu verlassen, hörte, da wußte er ihm
die Vorzüge Münchens in den verlockendsten Farben zu
schildern. Seine Vorstellungen fanden williges Gehör;
Ritter bewahrte seit der Aufführung des „Faulen Hans"
dieser Stadt dankbare und sympathische Erinnerung; auch

hätte er den Verkehr mit dem jungen Freunde nicht so
leichten Herzens aufgegeben. Der Vorschlag Straußens
wurde zur Tat; im Herbst 1886 fand der Umzug der
Ritterschen Familie nach München statt.

Mit einem Gefühl der Erleichterung, zugleich mit der
Hoffnung, bessere Verhältnisse zu finden, hatte Ritter
seine früheren Wohnsitze mit Ausnahme Weimars ver=
lassen; hier aber ging ihm der Abschied nahe. An dem
Orte, den eine große Persönlichkeit durch ihr Wirken ge=
weiht, bleibt noch etwas von dem Zauber, den sie
ausgestrahlt hat, haften, den man als schwachen Abglanz
der Vergangenheit festzuhalten wünscht. Ähnliche Emp=
findungen mögen Ritter und den begeisterten Jünger
Bülows, Strauß, bei ihrem Weggang erfüllt haben.
Feinsinnig wußte Strauß die ihm zum Abschied gebrachte
Sympathiekundgebung des Orchesters in eine Ehrung
Bülows zu verwandeln. Ritter selbst berichtete darüber
in der Leßmannschen Zeitung:

„Herr Strauß trat an das Dirigentenpult. Er dankte
in einfachen, herzgewinnenden Worten, ein „zuviel" der
Ovation mit der ihm eigenen Bescheidenheit zurückweisend
Da gleitet etwas wie ein Strahl von Begeisterung über
des jugendlichen Künstlers Züge, ein leises Beben der
Stimme deutet auf innere Erregung. Er lenkt in be=
redten Worten Herz und Gedanken aller auf einen
Namen, bei dessen Klange sich innigste Verehrung und
Dankbarkeit aller wie in einem Brennpunkt sammeln:
Hans von Bülow.

Wie könnten wir diese Abschiedsstunde würdiger be=
gehen, als in dankbarem Gedenken des Meisters, durch

den allein die Meininger Kapelle das geworden ist, was
sie bis heute war? des Meisters, dem jeder Einzelne von
uns mehr an Reife künstlerischer Erkenntnis verdankt,
als er sie sonst irgend in der Welt hätte gewinnen
können. Des Meisters endlich, den wir alle zumeist
lieben und verehren, den wir mit Stolz unsern Meister
Bülow nennen durften! Aber nicht in Worten sei er
von uns gefeiert, sondern durch eine letzte gemeinsame
künstlerische Betätigung. — Ich komme Ihrem eigenen,
mir in den letzten Tagen vielfach ausgesprochenen Wunsche
entgegen, indem ich Sie auffordere, jetzt hier, ohne alle
Zuhörer, nur zu unserer ureigensten Erhebung, des
Meisters herrliche Nirwana auszuführen!

Und nun stimmte das Bülow-Orchester seinen tief-
ernsten Schwanengesang an. — Als die letzten Hmoll-
Klänge auspulsiert hatten, und alle sich in schweigendem
Ernste erhoben, mahnte Strauß nochmals: „Meine Herren,
lassen Sie uns alle, Bleibende und Scheidende, das Ge-
löbnis tun, mit dem Pfunde, welches wir von unserm
Meister empfangen, nach Kräften zu wuchern. Den
Ausdruck dieses Gelöbnisses und verehrungsvollen Gruß
wollen wir jetzt telegraphisch unserm Meister zukommen
lassen, und damit — sei geschieden."

Und so schieden alle, sehr ernst und schweigsam von
einander Abschied nehmend, — und eine große, unbe-
rechenbar bedeutungsvolle musikalische Institution — das
vielbewunderte Bülow-Orchester — war aufgelöst".

Für Ritters Schaffen scheinen die Meininger Jahre, wie
ein Überblick belehrt, nicht so günstig gewesen zu sein. Als
Hauptwerk entstand die „Hymne an das Licht" für Chor,

BILDNIS VON RICHARD STRAUSS
aus dem Jahre 1890.

Soli, Orchester und Orgel. Sie ist eine glänzende Kom=
position, die bei festlichen Anlässen ihre Wirkung nicht
verfehlen wird. Ritter hatte sie für eine Preisbewerbung
geschrieben, bei der sie aber, meist das Los wertvoller
Einsendungen, nicht berücksichtigt wurde. Auf die von
seinem Bruder Karl verfaßte Dichtung legte Ritter nicht
zuviel Gewicht; an einen Freund schrieb er: „Den Text
zu meiner Hymne sende Ihnen nächstens. Erwarten Sie
aber nicht zuviel davon: nur etwas, um gesungen zu
werden — sonst nichts“. Doch erfüllt er diesen Zweck
auf das Schönste. Die Lieder erfuhren wieder eine,
wenn auch nicht allzugroße Bereicherung. Im Jahre
1886 wurde die dichterische Arbeit am „Olaf“ abermals
aufgenommen. Außerdem ist von einem dramatischen
Plan: „Der weiße Graf“ die Rede.

Aus der verhältnismäßig geringen Anzahl von Kom=
positionen auf eine ähnliche Beeinträchtigung durch die
Tätigkeit im Orchester schließen zu wollen, wie sie Ritters
Wesen durch die ablenkenden Pläne der Würzburger Zeit
erfahren hatte, wäre ein Irrtum. Hier in Meiningen
schloß er sich einem Ganzen an und fand in seinem Be=
ruf das befriedigende Bewußtsein, seiner Kunst zu dienen;
dort aber mußte von ihm die selbständige Initiative, der
Impuls ausgehen, welcher hierdurch seinem Schaffen ent=
zogen ward, ohne daß ihm die Genugtuung zuteil ge=
worden wäre, sein Ziel im Kampfe mit kleinlichen Ver=
hältnissen zu erreichen. Nicht innere, sondern äußere
Gründe hinderten in Meiningen Ritters Schaffen; er war
hierfür ausschließlich auf die Sommermonate angewiesen,
da in der Saison Konzerte, Proben und Kammermusik=

veranstaltungen alle Zeit beanspruchten. Von der ihm
ohnehin kärglich zugemessenen freien Zeit aber mußte ein
Teil dem Arrangement Beethovenscher und Wagnerscher
Instrumentalsätze für Hausmusikbesetzung geopfert werden,
der hierdurch erzielten Einkünfte halber. Einem, die
besten Kräfte aufzehrenden Konflikte jedoch war Ritter
in Meiningen nicht ausgesetzt. Vielmehr lag die Be=
deutung dieser Jahre in dem seelischen Gleichgewichte,
das sie ihm brachten. Auf seinem sicheren Grunde konnte
er weiterbauen und schaffen.

icht alles, was unserem Künstler München versprach, erfüllte es. Bei näherer Bekanntschaft verblaßte der verklärende Schimmer, welchen die glücklichen Tage des „Faulen Hans" über diese Stadt ergossen hatten, und es zeigte sich, daß die Lichtseiten durch reichlichen Schatten aufgewogen wurden. Nach einer mit stets gleichem Erfolge wiederholten Reihe von Aufführungen war Ritter zu der Erwartung berechtigt, daß der „Faule Hans" nun wieder in das Repertoire der Oper aufgenommen werde. Damals machte sich aber in den leitenden Theaterkreisen eine stark antimoderne Strömung bemerkbar, der auch dieses Werk zum Opfer fiel. Es wurde 1886 trotz seines Erfolges im vorhergehenden Jahre überhaupt nicht gegeben. Erst 1887 fand eine Wiederholung statt, leider nicht genügend vorbereitet, so daß von denselben Seiten, welche die Oper anderthalb Jahre zuvor in den Himmel erhoben hatten, nun darüber hergefallen wurde, als wäre über sie niemals anders gesprochen worden.

Kurz vorher trat Ritter mit einem Freunde eine Reise über Italien nach Griechenland an. Die Prachtbauten von Verona, Athen mit der Akropolis, das südliche Leben mit seiner Sangesfreudigkeit verfehlten ihre Wirkung auf sein Gemüt nicht. Trotzdem brachte er es nicht zum vollen Behagen am Wandern. Die Reise hatte sehr unter der Ungunst des Wetters zu leiden; auch machte sich schon etwas die schwerere Beweglichkeit des Alters geltend. Ritter selbst klagte darüber: „Um so ein rechtes

Entzücken an einem neuen Stück Welt zu haben, muß man doch jünger sein als ich!" Landschaftliche Eindrücke aber, so sehr Ritter sie als Kulturmensch zu genießen verstand, waren für sein Gemütsleben keine unumgäng= liche Notwendigkeit. Der Sinn der äußeren Anschauung war zugunsten der inneren nur mangelhaft entwickelt. Die menschliche Seele in ihrem Kämpfen und Ringen war ihm die Welt, nicht aber die Natur, auch nicht der Mensch als Teil der Natur.

Sich an Münchens Musikleben zu beteiligen, ließ sich Ritter nicht verleiten. Hierfür war wohl die Verstimmung über das Schicksal des „Faulen Hans" ausschlaggebend. Der Hauptgrund aber lag darin, daß Ritter seit dem Jahre 1888 wieder an einer einaktigen Oper: „Wem die Krone" arbeitete. Es war eine andere Art des Schaffens, als damals beim „Faulen Hans", gleich inten= siv, aber mit ruhiger Freudigkeit. Es bedurfte keiner spontanen Gewalt, um sich aus dem Diesseits des Tages loszureißen ins Jenseits des Künstlers, es war mehr ein heiteres sich Versenken in die Fabelwelt der Dichtung.

Für die ruhige konzentrierte Stimmung, die Ritters Schaffen damals begünstigte, war noch ein anderer Um= stand mit bestimmend: der freundschaftliche Verkehr mit Richard Strauß. Wie zahlreich waren die Versuche Ritters gewesen, sein Ideal nach außen zu verpflanzen und dort in lebendige Wirksamkeit treten zu sehen! Aber immer hatte sich der zu keinerlei Zugeständnis oder Ein= schränkung Geneigte an eine Allgemeinheit gewendet, deren empfänglicher Sinn weit hinter seinen Erwartungen zu= rückblieb. Nun aber galt es der Bekehrung einer

Persönlichkeit zu seinen Anschauungen, von der er sich volles Verständnis versprechen durfte. Seiner Führung folgte mit unbedingtem Vertrauen ein junger Künstler, dessen überreiche Begabung auf die Bahnen Wagners und Liszts zu lenken, Ritter als Pflicht erschien. Und wie entscheidend sein Einfluß auf Richard Strauß war, vernehmen wir von diesem selbst, der bekennt, Ritter habe „den bis dahin streng musikalisch Erzogenen, nur mit Haydn, Mozart und Beethoven Aufgewachsenen, soeben erst durch Mendelssohn über Chopin und Schumann bei Brahms Angelangten durch langjährige, liebevollste Bemühungen und Belehrungen endgültig zum Zukunftsmusiker gestempelt, indem er ihm die kunstgeschichtliche Bedeutung der Werke und Schriften Wagners und Liszts erschlossen". Ihm allein danke Strauß das Verständnis dieser beiden Meister und einzig durch ihn sei er auf den Weg gewiesen, den er nun selbständig zu gehen imstande sei (zitiert nach Fr. Rösch).

Aber nicht nur für seine Anschauungen, auch für sein Schaffen fand Ritter in Strauß freudigsten Widerhall. Unter seinem begeisterten Zuspruch ging die Arbeit an der Oper rasch vonstatten. Auf das beste förderte aber das Werk, daß Strauß vor Antritt seiner Stellung in Weimar seinem Mentor das Versprechen gab, „Wem die Krone" sofort nach Vollendung zur Aufführung zu bringen. Die Zeit des trauten persönlichen Verkehrs freilich war durch den Ruf nach Weimar vorbei; der rege Briefwechsel der folgenden Jahre aber bezeugt, wie jeder sich durch den wärmsten Anteil mit Freuden und Leiden des andern verbunden weiß. Mit froher Genug-

tuung mag es Ritter erfüllt haben, seinen Jünger so
tatkräftig für die gemeinsamen Ideale wirken zu sehen.
Seinem Feuereifer kann der junge Künstler nicht Genüge
tun. „Lohengrin" wird von Grund auf musikalisch und
szenisch neu einstudiert. Als die erforderliche Summe
für Neuausstattung dieses Werkes vom Hofe verweigert
wird, macht sich Strauß trotz seiner bescheidenen Gage
erbötig, 1000 Mark aus Eigenem beizusteuern; darauf
werden die neuen Dekorationen bewilligt. Die Partitur
des „Tristan" wird, um die Dichtung auch bei unver-
decktem Orchester vollkommen verständlich zu machen,
dementsprechend nuanciert, um in dieser Gestalt zur Aufführung zu gelangen. Unermüdlich ist Strauß tätig,
den Sängern den Darstellungs- und Gesangsstil des
Wagnerschen Dramas klar zu machen, und kann bald
von günstigen Erfolgen berichten. An der Gründung
eines Wagnervereins hat er hervorragenden Anteil. In
den Konzerten des Hoforchesters wird für Liszt nach-
drücklichst eingetreten. Ein Lisztabend bringt die Dante-
Symphonie, damals — auch jetzt noch vielerorts! —
ein kühnes Unternehmen.

Mit tiefster Besorgnis erfährt Ritter von einer Er-
krankung des Freundes. Täglich läßt er sich Bericht
erstatten. Er rät ihm Unterlassen jeder geistigen Arbeit,
rechnet dabei aber nicht mit der rasch wiedergewonnenen
Elastizität dieses lebhaften Temperamentes. Als Antwort
erhält er folgendes Diktat vom Krankenbette: „Geistig
ausspannen soll ich jetzt? Lieber Onkel Ritter, da müssen
Sie mich schon, wenn ich nach München, resp. Feldafing
komme, selbst darin unterrichten. Ich weiß nicht, wie

ich das anfangen soll. Wie soll ich meine Gedanken
bannen, die mir schon in den ersten Tagen der Rekon=
valeszenz halbe Akte „Tristan" frei aus dem Gedächtnis
vortrugen. Überhaupt bin ich selbst mir ohne geistige
Beschäftigung undenkbar."

Ebenso eingehend wird Ritter über alle Schicksale des
Komponisten Strauß unterrichtet. Zu der Tondichtung
„Tod und Verklärung" schreibt er ihm auf sein Er=
suchen das programmatische Gedicht, das dem Werke
vorgedruckt ist. „Macbeth" ist ihm gewidmet. Strauß'
dramatisches Erstlingswerk „Guntram" sieht er förmlich
vor seinen Augen entstehen.

Mit brennendem Interesse verfolgte Ritter die Ent=
wicklungsphasen seines Jüngers. Denn er war der
felsenfesten Überzeugung, daß ein Genie wie Wagner
keineswegs ertötend auf die Produktion seiner Zeit wirke,
sondern anregend. Schon aus Meiningen berichtete er
über einen Streit mit einem Vertreter der sterilen An=
sicht, nach Wagner müsse alles Produzieren schweigen:
„Wer in der Kunst die höchste Art fortschreitender Kultur=
entwicklung der Menschheit erkennt — und daß sie das
sei, hat uns ja eben vor allem Wagner gelehrt — — dem
muß es doch sehr grün, naiv und kindlich erscheinen,
wenn er allen Ernstes die Forderung aufstellen hört: da
diese Kulturentwicklung in letzter Zeit so wundervoll ge=
dieh, so soll sie nun aufhören. —

Allerdings kann man ja glauben, daß nach dem un=
geheueren Exzeß, den die Natur durch Hervorbringung
eines Richard Wagner begangen hat, eine Pause von
hundert, von zweihundert Jahren kommen wird. Leiden

werden in dieser Zeit nur die, welche — Wagners Geist
getreu — sich in der Brust den Strebedrang bewahrt
haben, — und nur diesen und den aus ihnen erwachsen=
den weiteren Generationen, welche trotz allem Nicht=
Erringen doch den heiligen Drang getreu fortgepflanzt
haben werden, wird das Erscheinen des künftigen Genies
zu danken sein. Denn wissen wir auch nicht, nach wel=
chen Gesetzen ein Genie geboren wird, so wissen wir doch
ganz genau, daß die Natur nie ein Genie einer Gene=
ration entwachsen lassen kann, in welcher der Strebedrang
ertötet war. Diesen Drang verbieten wollen (er läßt
sich Gott sei Dank nicht verbieten), heißt also nichts
Geringeres, als aus Verehrung für das letzte Genie das
künftige Genie im Mutterleibe morden. Also ist so ein
Gerede Todsünde wider den heiligen Geist."

Klingt in diesen Ausführungen noch ein etwas resig=
nierter Ton in betreff der nächsten Zukunft durch, so hat
ihm die Erscheinung Richard Strauß auch für diese frohe
Zuversicht gegeben. Er schreibt sieben Jahre später (1892):
„Ja, Richard Wagner war kein in himmlischem Nebel
vorüberziehendes Gespenst, sondern eine weithinaus be=
fruchtende Kulturidee. Die künftigen Werke des jungen
Meisters Strauß werden dafür den tatsächlichen Beweis
liefern."

Der innige geistige Rapport, der zwischen den beiden
Künstlern stattfand, erfuhr die Besiegelung durch die Tat,
als gegen Ende des Jahres 1889 „Wem die Krone"
seiner Vollendung entgegenging. Strauß, eingedenk seines
Versprechens, drängt Ritter, ihm sofort die Partitur zu
übersenden. Stückweise, wie sie eben fertig geschrieben ist,

ALEXANDER RITTER IM JAHRE 1885.

gelangt sie nach Weimar, wo mit dem Studium ohne Zö=
gern begonnen wird. Strauß ist voll wärmster Bewunderung
für das Werk. „Nun also: meine herzlichste, aufrich=
tigst innigste Gratulation zu Ihrem Heinz" (die Haupt=
person der Oper); „derselbe ist prachtvoll geraten und
können Sie wirklich stolz auf Ihr Werk sein: welch riesige
Steigerung, wie prachtvoll empfunden ist dies alles; mir
fehlen die Worte, Ihnen zu schildern, welchen Eindruck
der ganze Heinz heute auf mich gemacht hat; ich kann
Ihnen nur sagen, er hat mich bis ins Tiefinnerste er=
griffen." Zu den letzten Proben fährt Ritter trotz eines
eben erst überwundenen schmerzhaften Ischiasanfalles hin
und überzeugt sich zu froher Genugtuung, daß Strauß
seine geheimsten Intentionen erraten und im Orchester
wie auf der Bühne verwirklicht hat.

Zusammen mit dem „Faulen Hans" geht „Wem die
Krone" am 8. Juni 1890 zum erstenmal in Szene.
Die glänzende Wiedergabe der beiden Werke durch ihre
Hauptvertreter, Zeller (Hans), Buff=Gießen (Heinz),
Denis (Richildis), durch ein bis ins Kleinste ausge=
arbeitetes Ensemble der Nebenrollen und Chöre und vor
allem durch Strauß' den Gehalt der Werke völlig er=
schöpfend zum Ausdruck bringende Leitung, der rau=
schende, allen Wiederholungen treu bleibende Erfolg, noch
herzlicher und impulsiver als in München, die rückhaltlose
Anerkennung der zur Premiere gereisten Kollegen, endlich
das freie und originelle Leben in der Künstlerkolonie,
alles dies versetzt Ritter in einen Zustand traumhafter
Glückseligkeit. Er fühlt sich „wie im siebten Himmel".
„Ich kann Dir gar nicht sagen, wie das Bewußtsein,

den Leuten so warm machen zu können, mich in meinem
Wollen froh vergewissert." Seinem Bruder gesteht er:
„Wäre ich dümmer, als ich Gott sei Dank nun bin,
hätte mich der Zauber meiner Weimarer Erlebnisse wirk=
lich zum Optimisten machen können. Er wirkte anfangs
so stark, daß ich von einem Greise plötzlich in einen
Jüngling verwandelt zu sein glaubte". Er will sich aber
nicht dem täuschenden Schein allzu lange hingeben; des=
halb fügt er hinzu: „Arbeit, das ist doch das einzige
volle, untrügerische Glück".

Durch die Weimarer Aufführungen scheint das Eis
gebrochen zu sein; wir begegnen die nächsten Jahre hin=
durch dem Namen Ritter öfters in der Musikwelt. „Der
faule Hans" wird in Riga, Karlsruhe, Dresden,
Prag, Frankfurt a/M., „Wem die Krone" in Berlin,
Leipzig und Braunschweig gegeben, mancherorts mit
außerordentlichem, nirgends ohne Erfolg. Trotzdem
scheint es, als ob die beiden Opern das Schicksal mit
der „Bezähmung der Widerspenstigen" von Götz und
Cornelius' „Barbier von Bagdad" teilen sollen, nicht
dauernd im Repertoir Aufnahme zu finden, als ob für
diese Art humoristischen Stiles das Empfinden des Publi=
kums zu grobkörnig sei. Man würde solchen Werken
ein mit entsprechender musikalischer Aufnahmefähigkeit
ausgestattetes Lustspielpublikum wünschen, das gewohnt
ist, auf die feinen Züge des Dialogs und der Charakteri=
sierung einzugehen; statt dessen kann man sich nicht ver=
hehlen, daß das Opernpublikum noch ein unverhältnis=
mäßig großes geistiges Proletariat aufweist, das seinem,
freilich oft sorgfältig verborgenen ehrlichen Wunsche nach

im Theater möglichſt geiſtloſen Sinnenkitzel durch die
Muſik ſucht und dadurch ſich tief unter den Durchſchnitt
des Schauſpielpublikums ſtellt. Daß es ſich den gewal=
tigen Wirkungen der Wagnerſchen Werke nicht entziehen
kann, iſt nicht Beweis für ſein Verſtändnis, ſondern für
die elementare, alles mit ſich reißende Kraft des Genies.
Aber gerade das Los von Werken, wie die eben ange=
führten, laſſen eine Reform des Opernpublikums höchſt
notwendig erſcheinen, mindeſtens die Gründung von Kunſt=
ſtätten, die ſich nicht an eine allzu breite, lediglich auf
Senſationen ausgehende Öffentlichkeit wenden, ſondern
an einen kleineren, erleſenen Kreis, der befähigt wäre,
nicht nur den groben Umriſſen, ſondern auch den feinen
Einzelheiten eines muſikaliſch=dramatiſchen Werkes nach=
zuſpüren.

Die Aufeinanderfolge der beiden Opern an einem
Abend, wie ſie in Weimar ſtattfand, hatte Ritter be=
lehrt, welch glücklichen Kontraſt ſie zueinander bilden.
Deshalb war es ſein Lieblingsgedanke, ſie hinfort ſtets
zuſammen aufgeführt zu ſehen. Leider wurde dieſer auf
keiner der ſpäteren Bühnen verwirklicht; überall kam nur
eine der Opern, oft in recht ungünſtiger Kombination
mit einem gänzlich fremdartigen Werke, zur Wiedergabe.
In der Tat ſtellen der „Faule Hans“ und „Wem die
Krone“, einer gemeinſamen Fabelwelt entſprungen, Gegen=
ſätze dar, die ſich zu einem ungemein harmoniſchen Geſamt=
eindruck ergänzen. —

Mitten in ſagenhafte Ritterzeit werden wir im „Fau=
len Hans“ geführt. Zart ſchwellende Töne der Sehn=
ſucht nach einem glückſeligen Märchenlande leiten zum

G*

Allegro der Ouvertüre, in deſſen frohe Bewegtheit ſich
Kriegslärm und Waffengeraſſel miſcht; zum Schluſſe
jauchzt es auf wie in Tatenluſt und Heldenkraft. Der
Vorhang hebt ſich. Da liegt er, der junge Held, Hans,
der jüngſte der ſieben Söhne des Grafen Hartung, aus=
geſtreckt unter der Linde des Schloßhofes. Noch träumt
er; noch war in ſein Leben nichts getreten, das ihm
den kühnen Mannesmut geweckt hätte. Aber den tau=
ſend Stimmen der rauſchenden Wälder, der murmelnden
Quellen, der Lenzeswinde verſteht er zu lauſchen. Auf
daß er nicht zu lange träume, kommt Graf Hartung
mit Söhnen und Jagdtroß hereingeſtürmt. Die freilich
haben nicht Muße, unter Bäumen zu liegen und nach
ziehenden Wolken zu blicken. Für ſie gibt's immer zu
tun; Jagd, Turnier, Krieg, Gelehrſamkeit, Minnedienſt,
ſie bringen die köſtlichſten Gaben, Ehre und Ruhm. Ver=
wundert ſieht Hans ſolch raſtloſer Geſchäftigkeit zu.
Erboſt ob ſeiner Faulheit verleugnet der Vater den Sohn
und befiehlt zum Überfluß in ſeinem Zorne, ihn an einen
Eichblock im Hofe zu ſchmieden, zum Geſpött aller Welt.
Hans läßt es geſchehen; kennt er doch ſolch grimmes
Tun, das bald ſich beſänftigt. Aber als die Abend=
ſchatten niederſinken, als die andern den Geächteten ver=
laſſen haben, bricht es in ihm los wie ein Sturm ge=
waltiger Sehnſucht, heraus aus dieſer Welt eiteln Drän=
gens und Haſtens nach eingebildeten Zielen, dorthin, wo
die Geſtalten ſeiner Träume lebendig werden, ins Märchen=
land, das er als Kind geſchaut, zu Füßen der Mutter!
Wieder ſieht er ſie, wieder hört er ihr Raunen, wieder
fühlt er ihren Zauberkuß, der ihn blind gemacht für das

unruhvolle Getriebe dieses Lebens, sehend aber für das
Wunderreich, das in seinem eigenen Herzen blüht und
lacht. Wie traute Lieder aus der Kinderzeit klingt es
aus der Musik; Hans versinkt in Schlummer. Da regt
sich's um ihn mit schalkhaftem Kichern und Flüstern.
Die Mägde besehen sich den sonderbaren Helden erst
schüchtern aus der Ferne, dann immer kühner mit spitzen
Reden seines bestraften Nichtstuns spottend, bis sie end=
lich in kecker Walzerweise ihrem Übermut die Zügel
schießen lassen. Scheinbar erbost richtet sich Hans auf
und erschreckt durch drohende Geberde das lose Volk,
das rasch das Feld räumt. Wieder ist's still um ihn;
der Mond bescheint den einsamen Träumer. Des väter=
lichen Gebots nicht achtend, kommt da Ralf der Sänger
zum geächteten Bruder. Er kennt ihn besser als die
andern und ahnt die schlummernde Heldenkraft; drum
soll es seinen Worten gelingen, Hans zur Tat zu wecken.
Die minnige Königin sei von Feinden bedroht; sie gegen
den wilden Dänenkönig zu schützen, gelte es; wie könne
Hans zaudern, für solche Lieblichkeit in den Kampf zu
ziehen? Und Hans horcht auf. Aber ach, fremd ist ihm
die Königin, er sah sie nie; welcher Drang triebe ihn,
für die Unbekannte das Schwert zu ziehen? Da braust
der Kriegslärm auch schon heran. Notrufe ertönen;
geschlagen ist das Heer der Königin, sie selbst auf der
Flucht zu Hartungs Schloß, König Harald Hildetand
ihr auf den Fersen. Graf Hartung entbietet seine Man=
nen zum Kampf. Hei, wie da alles ringsum lebendig
wird. Wie grimmig sie die Schwerter schwingen, wie
trotzig ihr Kampfruf klingt. Wehe dem Feinde! Zorn=

schnaubend, stürmt der Heerestroß ihm entgegen. Nur
der Graf bleibt, die Burg selbst zu schirmen; fliehend
sucht bei ihm die Königin Schutz. Von der Warte über=
blickt Hartung das Schlachtfeld, stolz, der Königin die
Taten seiner Heldenschar weisen zu können. Aber wie,
hat er recht gesehen? Die Seinen wanken, Schwert und
Speer zersplittern, Graf Hartungs kühne Söhne stieben
mit zerfochtener Waffe auseinander. Das rauhe Gebrüll
der Feinde nähert sich der Burg. Donnernder Keulen=
schlag zertrümmert das Tor. Hans, dessen Blicke immer
sehnender und brennender auf dem Antlitz der Königin
geruht, springt auf. Seine Märchenwelt ist Wirklichkeit
geworden. Der Glanz der holden Augen dringt wie
Sonnenstrahlen taghell in sein Herz. Er ist erwacht!
Mit furchtbarer Kraft entreißt er der Erde den Eichblock,
schwingt ihn als Keule und schmettert Harald mit einem
gewaltigen Hiebe zu Boden. Rechts und links sinken
von seinen mächtigen Streichen die riesenhaften Feinde
nieder, jubelnd ergreift er seines Vaters entfallenes Schwert,
jagt hinaus auf den Kampfplatz, sammelt die Seinen
und zersprengt den Gegner in alle Windrichtungen. Als
Sieger kehrt er zurück, als Retter seiner Königin. Nicht
Ehr' und Ruhm, die süße Not in eigner Brust lichterloh
entbrannt, der heilige Drang des liebeheißen Herzens weckten
ihn zum Helden. Ihm neigt sich in holder Scheu die könig=
liche Frau, beseligt seinen werbenden Worten lauschend.
Nicht könne ihm das halbe Reich, das sie ihm bot, ge=
nügen; nicht die Krone allein, Leid und Freud auch
wolle er mit ihr teilen als ihr Ehgemahl. Und als die
Königin in seine Arme sinkt, da ist's Hartung und den

andern, als sei zu träumen die Reihe nun an sie gekom=
men; die Dummen, dünkt sie's, waren sie selbst. Um
so froher töne ihm, dem arg Verkannten, nun ihr Lob.
Zum Krönungsfest rufen die Trompeten. Da läßt Hans
sie nochmals innehalten:

„Noch nicht! Geduld! Still allesamt!
Die Lust nachher — zuvor das Amt!
Ihr habt mich alle weidlich gescholten,
Habt mich geschmäht und gering geachtet,
Weil mir nicht immer für neidlich gegolten,
Wonach ihr mit Eifer getrachtet.
Sollt' es für immer nun dabei verbleiben,
Daß, was ihr gern hindert — ich müßte betreiben,
Und was ihr mißachtet — ich müßte lieben,
Seht, das täte mich herzlich betrüben.
Drum will es mir klug und ratsam erscheinen,
Fleißig und treulich dem Grund nachzuspähn,
Warum wir so ungleich befinden und meinen,
In Gleichem so selten Gleiches ersehen:
Ein jeder trauet dem eigenen Auge,
Daß es am besten zum Sehen ihm tauge,
Und wer vermessen wollt' blind es ihm schelten,
Der würde, mit Recht, es gar übel entgelten.
Doch soll auch ein jeder weislich bedenken,
Wohin es ihm frommt, das Auge zu lenken:
    Wen es nach Eitlem drängt,
    Wer noch am Scheine hängt,
Der laß' es schweifen und irren nach außen,
Und mühe sich ab zu entdecken,
Was von allem da draußen
Frommt seinen nichtigen Zwecken!

Doch, wen es Besseres treibt zu gewinnen,
Der richte den Blick nach innen!
Dort wird ihm ein Traumbild,
Urverwandt, sinnvoll, deutlich und mild,

In hehrster Klarheit
Zu ew'ger Wahrheit!

So mag denn, wem will, es behagen,
An weltlichen Kram das Auge zu heften,
Doch deutsche Männer, in allen Lagen,
Trauend allein den eigenen Kräften,
Fest und treu zusammengeschart,
Wollen nicht lassen von eigner Art:
Was eitel, vergänglich, von Herzen verachten,
Und stetig, still und fromm nach besserm Gute trachten."

Dem gefangenen Dänenkönig aber ruft er heiter die
Warnung zu, vor deutscher Kraft sich fürder zu hüten.
Während er der Königin die Hand zum festlichen Einzug
reicht, bricht das Volk in den begeisterten Ruf aus:

„Heil deutscher Art,
In Reine treu bewahrt."

An den Hof der Königin Ute, von der die alten Helden=
lieder singen, versetzt uns „Wem die Krone". Wie
eine ernste Frage klingt es zu Beginn des Vorspiels;
ein bald heiteres, bald gewichtig einherschreitendes Fugato
begleitet den jungen Königssohn Heinz auf seiner Fahrt
„durch die Welt, die ihm nicht gefällt"; immer bedeu=
tungsvoller hebt sich der ernste Grundgedanke aus dem
Gewirre der Stimmen, bis dieses plötzlich abbricht und
wenige Takte zur ersten Szene überleiten. In Blumen
und Kränzen prangt heute die hohe Königshalle: der
Königin blühende Söhne, Konrad, Ludwig und Heinz
kehren nach Jahresfrist aus der Fremde heim. Wie
schalkhaft die jungen Mädchengesichter beim Kränzewinden
es sich zuflüstern: groß Unheil habe das liebliche Bäschen

Richildis angestiftet, an das die drei Prinzen flugs ihr
Herz verloren hätten. Der Eifersucht Brand zu löschen,
gebot Königin Ute den Söhnen, in die Fremde zu wandern; übers Jahr aber solle über ihr Werben entschieden
werden. Ja, wie nun die Burschen zu berichten wissen,
es sei den Prinzen von der Mutter ein äußerst schwieriger
Auftrag mit auf den Weg gegeben worden; wem ihn
zu lösen am besten gelang, der solle die Maid heim-
führen. Siehe, da kommt das böse Prinzeßlein, das
so viel Verwirrung angestiftet, aber ach, selbst fast noch
verwirrter geworden. Drei Werber begehren ihre Huld,
doch ihr Herz gehört schon längst dem einen. Ist's der
Konrad, kichern die Mädchen, oder der Ludwig? Wenn
keiner von beiden, wer soll's denn sein? Ihre schweigende
Antwort hat das Geheimnis verraten: der Heinz ist's!
Da wird den kecken Gespielinnen von dem erzürnten
Prinzeßlein tüchtig heimgeleuchtet; den Beichtvater werde
sie zu Hilfe rufen, wenn sie nicht zu schweigen wüßten.
Kreischend eilen sie davon. Richildis bleibt mit ihres
Herzens Not allein in der Halle. Ihr Brautstand sei nicht
selig. Wer ihr bestimmt ist, weiß sie ja nicht, und doch
wüßt' sie's so genau: der ist's, der jetzt hereinstürmt, sie
in die Arme schließt und ihr den ersten Kuß nach langer
Trennung auf die Lippen drückt. Aber mitten in alle
Seligkeit tönt die bange Frage: Hat Heinz Königin Utes
Geheiß erfüllt? Wird er den Preis vor den Brüdern
gewinnen? Verlegen und mürrisch weicht er ihren flinken
Kreuz- und Querfragen aus. Weshalb er so brummig
dreinschaue, ob er nicht herrliche Länder gesehen, ob sie
ihm nicht gefallen hätten, welch ärmliche Kleider er trüge;

was mit den zehntausend Goldgulden geworden, von der
Mutter auf die Reise mitgegeben, daß er sie womöglich
vermehrt zurückbrächte? O weh! Da steht's schlimm!
Kein Pechvogel, nein, ein Tor, habe er sein eigenes Glück
zertrümmert. Schon ertönen die Trompeten, die Ankunft
der Königin zu verkünden. Rasch geschieden! Doch was
auch kommen mag, sie wollen sich Treue bewahren.
In froh bewegten Scharen eilt das Volk in die Halle;
als aber durch den Bogengang die Königin in feierlichem
Zuge naht, da ergreift es fromme Scheu vor der Greisin,
wie man sich zuraunt, göttlichem Geschlecht entsprossen.
Entboten ist von ihr das Volk zu wichtiger Stunde:
nicht den Schiedsspruch im Liebeswettstreit allein hätten
die Söhne heute zu gewärtigen, die Krone auch solle
dem müden Haupt der Greisin abnehmen, wer Richildens
Hand gewinnt. Und schon zieht, von prunkendem Gefolge
umgeben, der älteste der Prinzen, Konrad ein, mit tän=
zelnder Anmut, des Sieges gewiß. Denn wer könnte
besser als er Frau Utes Geheiß vollbringen? Ins Morgen=
land war er gereist, dort funkelnde Schätze zu gewinnen;
sie ja seien für des Reiches Macht und Ansehen das
Nötigste. Und er läßt Truhen, gefüllt mit den kost=
barsten Steinen und Metallen, bringen, daß es nur so
glänzt und glitzert vor den Augen der entzückten Menge,
die Konrad einstimmig den Preis zuerkennt. Doch auch
Ludwig, der eben kriegerischen Schrittes an der Spitze
seiner Bewaffneten heranmarschiert, ist so übel nicht,
denkt das Volk. Wie er nun, ein echter Bramarbas,
auf die Kraft des Armes pocht, wie er dräuende
Festungsmauern als sichersten Schirm für des Reiches

Wohlstand zu errichten erbötig ist, da neigt sich das
Zünglein der Wage dem grimmen Schwerteraßler zu,
und als er nun gar riesige Tafeln mit Plänen gewal=
tiger Trutzbauten herbeischleppen läßt, ist Konrad ein
vergessener Mann. Nur Frau Ute schüttelt wehmütig
das Haupt; Gold und Faustrecht sollten im Lande herrschen?
Heinz aber, der dritte, säumt noch. Da tritt er schlicht,
fast verlegen, ohne Gefolge, in ärmlichen Kleidern aus
dem Volke heraus, in dessen Mitte er unerkannt geweilt.
Er war nicht in der Fremde, im Heimatland, ihm bis
dahin fast nur aus Schildereien bekannt, sah er sich um.
Mit leerem Beutel kehrt er zurück, aber sorgenvollem
Herzen. Denn was er erschaut, ließ ihn einen erschreckten
Blick in des Volkes Mühen und Lasten tun. Zum erstenmal
sah er Menschen in Leiden und Qual. Ihre Not zu lindern
gab er alles, was er besaß, hin; Bedrängte schützte sein
Schwert, das Einzige, das er treu bewahrte. Nun aber
trieb's ihn mit Ungestüm zurück, der Mutter, der Königin
zuzurufen, wie es so ganz anders in ihrem Reiche aus=
sehe, als schönrednerische Hofleute ihr vorspiegelten. Zu
helfen, zu retten, was in Armut zu verderben droht,
fleht er sie an. O, könnten seine Worte ihr Herz an=
stacheln, Gluten darin zu wecken, auf daß sie aufs neue
im leuchtenden Morgenrot verkünde der Menschenliebe
heilig Gebot. „Der soll es sein!" jauchzt es da im Volke
auf und hallt weiter durch das Land, wie die frohe
Losung der Zukunft. Mit der Krone belehnt ihn die
Mutter, und König Heinrich neigt sich huldigend die
Menge. In den ernsten Schmuck seines Hauptes aber
schlingt die Braut ihm Rosen der Liebe. Ihr zarter Duft

bringt den Paradieseshauch froher Himmelsbotschaft:
Menschenliebe gieße ihren milden Segen über das Land. —
Kaum glücklicher hätten die beiden dichterischen Vor=
würfe der Grundstimmung der jeweiligen Entstehungszeit
entsprechen können. Dahns prächtiges Gedicht brachte
Ritter in den schlimmen Jahren der Würzburger Zeit
geradezu das erlösende Wort. Die Empfindungsweise
der Dichtung deckt sich derart mit dem, was es Ritter
damals zu sagen verlangte, daß bei der Dramatisierung
der Gang der Handlung vollständig, vieles auch im Wort=
laut unverändert aufgenommen werden konnte. Hans
der Träumer, dem nur der Drang eines inneren Erleb=
nisses als Anstoß zur Tat gilt, der sich nicht in die eigen=
nützige Geschäftigkeit dieser Welt finden kann, mußte er
Ritter nicht gerade als das erscheinen, was ihm selbst in
der Zeit seines kaufmännischen Berufs zu sein völlig ver=
wehrt war: im Handeln frei von äußeren Zwecken? In
solcher Freiheit der Tat sah er eine Wurzel deutschen
Wesens; ihre Nahrung zieht sie aus dem Boden des
Märchen= und Fabellandes, aus der Reinheit künstlerischen
Schauens also. Wir erinnern uns, welche Bedeutung
Schopenhauers Philosophie für Ritter gewonnen hatte.
Um nach dieser Seite die Dichtung zu vertiefen, fügt
Ritter den Monolog des Hans mit Anrufung der Mutter
als der Märchenerzählerin und Hansens Schlußrede ein.
Damit durch den Ernst des Monologs dem Einakter nicht
die leichte Grazie geraubt werde, läßt er ihm aber die
ebenfalls frei erfundene Szene der Mägde folgen.
    In „Wem die Krone" herrscht, entsprechend der
ruhigeren und glücklicheren Münchner Zeit die milde

Grundidee der Menschenliebe, aus den Erfahrungen des Lebens als kostbarstes Gut gewonnen, auch sie ein Grund= zug deutschen Wesens. Aus dem kurzen Gedichte von Dräxler=Manfred (Album österreichischer Dichter, Wien 1850) gestaltete Ritter diesen Gedanken frei zu dem sinnigen symbolischen Spiel, als welches uns „Wem die Krone" gelten muß. Während im „Hans" alles drän= gendes dramatisches Fortschreiten ist, entrollt uns dieses Werk ein tiefpoetisches Bild. Der fortreißende Zug nicht in der äußeren Handlung der Szene begründet, liegt in der inneren Entwicklung der Musik, welche eine unauf= haltsame Steigerung nach Seiten steter Vertiefung und Verklärung darstellt.

Eine Gegenüberstellung der Musik beider Werke wird die Eigenart jedes würdigen lehren. Der „Faule Hans" ist in kräftigen al fresco-Zügen entworfen. Drastischer Humor kennzeichnet die Musik, wenn Graf Hartung mit seiner Sippe auf der Bühne ist. Töne heißester Leiden= schaft aber und tiefster Inbrunst der Empfindung werden in Hansens Monolog angeschlagen. Diese ganze Szene mit dem Aufruhr des ersten Teils, der Poesie der Kind= heitserzählung, der herrlich organisch aufgebauten Steige= rung bis zum ergreifenden Höhepunkt, endlich dem träu= merischen Verklingen gehört zum allerschönsten, was die nachwagnersche Dramatik aufzuweisen hat. Im An= schluß daran folgt das allerliebste sechsstimmige Ensemble der Mägde, ein wahres Kabinetstück, in seiner zierlichen Struktur und seinen Detailierung einen Ruhepunkt in der bewegten Handlung bildend. Vortrefflich leitet die Szene zwischen Hans und Ralf zur Kampfmusik über,

deren Themen mit herzhafter Frische und Bestimmtheit
gezeichnet sind, köstlich in den Kontrasten zwischen unge=
schlachter Kriegslust und erwachender Liebesleidenschaft,
das Ganze der Ausdruck fröhlich kräftigen Überschwanges.
Der Schluß läßt durch alle sonnige Festlichkeit hindurch
den Grundgedanken ergreifend zum Ausdruck gelangen.
Selten wurde deutscher Art ein begeisterteres und schöneres
Preislied gesungen.

Der Stil der Musik zu „Wem die Krone“ ist bei weitem
polyphoner und differenzierter, wie gleich die prickelnde
Kontrapunktik des Vorspiels bekundet. Die Chorszene
zu Anfang, ein äußerst witzig pointierter Dialog zwischen
Sopran und Alt, zu welchem sich erst später die Männer=
stimmen gesellen, ist von echt Lortzingschem Geiste erfüllt,
ohne jemals allzu „populär“ zu werden. Volkstümlich
im besten Sinne des Wortes ist auch der zarte Liebesgesang
der Richildis, der dreimal durch einen, den Opernstil kari=
kierenden kleinen Satz unterbrochen wird, das schmollende
Eifern der Prinzessin schildernd. Das folgende Liebes=
duett fällt bei aller Leidenschaft nicht aus dem volkstüm=
lichen Tone heraus, der auch dichterisch durch den Refrain
„Ich bin dein, du bist mein, So soll es ewig sein“ be=
zeichnet wird. Einen glänzenden Beweis humoristischer
Charakterisierungskunst brachte Ritter in den Gesängen
Konrads und Ludwigs. Die chevalereske Polonaise mit
den glitzernden und flirrenden Figuren der Orchesterbeglei=
tung, wenn Konrad dem goldenen Lande das Lob singt,
oder das scharf akzentuierte Marschthema zu Ludwigs
kriegerischem Gesange mit seinen etwas breitspurig auf=
tretenden Rhythmen mögen selbst das Herz manches kon=

servativen „Opernfreundes" höher schlagen machen, gerade
aber durch diese Opernhaftigkeit das konventionelle Pathos
der beiden Figuren auf das Ergötzlichste zum Ausdruck
bringend. Um so wirkungsvoller hebt sich nun der warme,
in freier dramatischer Form stetig eindringlichere Gesang
des Heinz ab, der mit dem sich anschließenden Chorsatz
eine hinreißende Steigerung darstellt, die in dem klanglich
prächtigen, polyphonen Schlußensemble einen zarten und
harmonischen Ausklang findet, bei dem uns fast das Mär=
chen selbst mit seinen tiefsinnigen Kinderaugen anzublicken
scheint.

Nach Betrachtung der Verschiedenheit der musikalischen
Sprache beider Werke sei unser Augenmerk den gemein=
samen Merkmalen zugewendet. Max Schillings weist
in einem geistvollen Artikel über Ritter (Redende Künste,
2. Jahrg.) darauf hin, daß dieser den humoristischen deut=
schen Einakter geschaffen hat. Der Weg zu dieser Kunst=
form wurde Ritter zum Teil durch eine Anregung Richard
Wagners gewiesen, der gelegentlich eines Konzertes in
Mannheim (1871) sich, wie Ritter erzählt, in einem
Privatgespräch dahin geäußert hatte, daß die jungen
Komponisten heutzutage weder würden in den Stil der
alten Oper zurückkehren dürfen, ohne sich lächerlich zu
machen, noch etwa nach den gewaltigen Stoffen des ger=
manischen Heldenmythos greifen könnten, ohne in Nach=
ahmung seiner Werke zu verfallen. Es ruhe aber noch
ein reicher ungehobener Schatz im kleineren Ideenkreise
der Sage, des Märchens und der Legende, der Gelegen=
heit böte, auf engerem Gebiete auch nach ihm Neues zu
schaffen. Neben der Beherzigung dieses Winkes war es aber

der schon in der Broschüre Ritters „Verfall und Reform"
im Jahre 1865 ausgesprochene Wunsch, die Pflege des
ernst-heiteren Kunstgenres gefördert zu sehen, was ihn
den durchaus eigenartigen und persönlichen Stil seiner
beiden Einakter finden ließ. Diesen Weg zu betreten,
befähigte ihn eine Gabe, die in allen Kämpfen des Lebens
seine Seele in kindlicher Reinheit erhielt, so daß in ihr
das Bild seiner Idealwelt unerschüttert und ungetrübt
fortleben konnte, sein Humor. Keine glücklichere Er-
gänzung hätte das Schicksal einer Natur auf den Weg
geben können, welche durch die leidenschaftliche Glut des
Glaubens ihr Augenmerk sonst ausschließlich auf die
ernstesten Fragen des Lebens gerichtet sah. Nicht aus
scharf beobachtender Erkenntnis der Außenwelt, sondern
aus der Güte eines kindlichen Herzens schuf dieser Humor
Gestalten voll lebenswarmer Wahrheit. Ihre Charaktere
bestimmen nicht durch Betätigung ihrer Eigenschaften die
Handlung, sondern sie dienen, den Gedankengang der
Handlung anschaulich vor die Augen treten zu lassen.
Der Humorist durfte es wagen, seiner Dichtung eine
Tendenz unterzulegen, ohne durch diese die künstlerische
Wirkung zu beeinträchtigen, ja, er durfte noch einen
Schritt weiter gehen und die den Werken innewohnende
Idee direkt mit den Worten einer Sentenz aussprechen.
Es ist dies eine durchaus folgerichtige Entwicklung der
ethischen Tendenz als einem Grundzug von Ritters Geistes-
leben. Dieser Tendenz war sein Schaffen dienstbar, und
wenn Ritter auch in einer Kontroverse („Tendenz —
Sentenz", Bayreuther Blätter 1895) die Tendenz aus-
drücklich als die absichtslose Richtung bezeichnet, welche

dem künstlerischen Empfinden durch die Lebens= und Welt=
anschauung der schaffenden Persönlichkeit gegeben wird,
im Gegensatz zu der mit voller Absichtlichkeit ausge=
sprochenen Sentenz, so liegt die Gefahr, daß zu bewußter
Absicht wird, was ursprünglich absichtslose Richtung des
Empfindens war, doch sehr nahe. Der Humorist braucht
sie, wie gesagt, nicht zu scheuen, denn ihm ist ja selbst
die Sentenz gestattet; freilich, daß diese die dramatische
Wirkung schädigen könne, wenn sie den Vorrang des
Interesses zum Nachteil der Handlung beansprucht, er=
fuhr Ritter im „Faulen Hans“, dessen sentenziöse Schluß=
worte er auf die berechtigten Einwendungen bühnenkun=
diger Freunde hin vor der Aufführung wesentlich kürzte. Wie
sehr aber die Tendenz, wenn sie einmal den fast un=
merklichen Schritt zur Absicht getan, tragischen Stoffen
den Lebensnerv zu unterbinden geeignet ist, wird aus
dem Werdegang der beiden Ritterschen Dramen „Olaf“
und „Gottfried der Sänger“ ersichtlich.

„Olaf“ geht ursprünglich auf eine Dichtung Carl Ritters
zurück. Wie wir erfahren haben, lernte Alexander das Stück
gelegentlich seines Pariser Aufenthaltes kennen und emp=
fing von ihm einen derart starken Eindruck, daß er den
Bruder bestimmte, es ihm zur Umarbeitung für die Kom=
position zu überlassen. In der vorliegenden Form ent=
sprach es den musikalischen Forderungen nicht völlig.
Hauptsächlich war es der dritte Akt, welcher Ritter in
keiner der versuchten Varianten befriedigte. In der ur=
sprünglichen Fassung ist der Held eine jener trotzigen,
heidnisch=germanischen Kraftnaturen, die, das Liebchen im
Arm, selbst dem Henker Tod lachend ins Auge sehen.

Ritters Gemüt aber wurzelte im Boden chriftlich-germa-
nifcher Sittlichkeit. Ihm konnte es deshalb nicht vom
Herzen kommen, ein ihm fremdes Empfinden zu verherr-
lichen. So fehr er fich durch den heroifchen Zug im
„Olaf" mitreißen ließ, höher als Todestrotz ftand ihm
eine den Hinfälligkeiten des Lebens trotzende Sittlichkeit
der Tat. Seinem todesmutigen Olaf glaubte er nun
auch die für ihn gewaltigere Steigerung zumuten zu
dürfen, alles, was jenem bis jetzt als wert gegolten hatte,
felbft feine Liebe, für die er eben erft in den Tod zu
gehen bereit war, zu opfern für das Werk der Menfchen-
liebe, das zu vollbringen ihn der läuternde Anblick des
Todes gelehrt hatte. Und fo fehen wir Ritter, angeregt
durch Lenaus „Traurigen Mönch", in diefe Welt heid-
nifcher Leidenfchaften ein ihr gänzlich widerftrebendes
Element chriftlicher Myftik tragen. Solch gewaltfame
Vereinigung barg den Keim der Unverträglichkeit in fich,
nicht etwa, weil der Gang der äußeren Handlung fich
nicht gefügt hätte, fondern weil die innere, lebenswahre
Entwicklung der Dichtung hierdurch unmöglich geworden
war. Dies war der, wenn auch uneingeftandene Grund,
aus welchem Ritter die bis zum Jahre 1886 immer
wieder aufgenommene Umdichtung, von der fogar fchon
viele Teile in Mufik vorlagen, endlich unvollendet liegen
ließ. Sein gefundes künftlerifches Empfinden bewahrte
ihn davor, einer Tendenz zuliebe eine dichterifche Gewalt-
tat zu begehen.

Einen noch extremeren Fall diefer Gattung ftellt die
von Ritter 1893 in der Dichtung vollendete einaktige
Oper „Gottfried der Sänger" dar. Ritters glaubens-

bedürftiges Herz hatte von jeher mit der esoterischen
Seite des Christentums sympathisiert, ohne konfessionellem
Dogmatismus irgend ein Recht über sich einzuräumen.
Er verehrte im Christentum die vollendetste Form einer
in sich geschlossenen, sittlichen Weltanschauung. Schopen=
hauers Lektüre bestärkte ihn in seiner Auffassung. Im
Zusammenhang mit diesen Gedankengängen war in Würz=
burg eine Reihe religiöser Kompositionen entstanden. Die
kirchliche Musik stand ja Ritter schon dadurch nicht so
sehr ferne, als sie einem, wenngleich natürlich bei weitem
enger begrenzten ethischen Zwecke dienstbar ist. Im „Gott=
fried" aber sollte der eigenen religiösen Überzeugung
durch eine Art Mysterium erschöpfender Ausdruck ver=
liehen werden. Das Bestreben, hinter den konfessionellen
Formen, welche das Christentum angenommen hat, den
tieferen philosophischen Sinn zu entdecken, konnte bei
einer so sehr nach der Glaubensseite neigenden Natur
wie Ritter leicht zu einem gewissen Hange für mystische
Deutung führen. Der geheimnisvolle, die Phantasie stets
anregende Zauber war für den Künstler von unschätz=
barem Wert, solange es sich um rein musikalische Aus=
lösung mystischer Stimmungen handelte; bemächtigte
sich aber eine, nach möglichster Klarheit der Darstellung
verlangende Tendenz solchen religiösen Empfindens, dann
konnte leicht das, was nach dem Wunsche des Dichters
am strengsten hätte vermieden werden sollen, eintreten,
nämlich eine gewisse dogmatische Starre. Da dann alles
nur auf Darstellung der zugrunde liegenden, oder besser
gesagt, der Handlung vorgezeichneten Idee ankam, ver=
kümmerte die lebendige, in ihrem Fortschreiten motivierte

Darstellung, sowie die Plastik der dichterischen Gestaltung.
Nicht die dramatische Lösung, sondern eine ins Bildliche
übertragene Sentenz wurde zur Pointe des Werkes. Die
für den tragischen Dichter als oberstes Erfordernis gel=
tende Fähigkeit, sich in seinen Gestalten zu objektivieren,
fand hier keine Gelegenheit zur Betätigung; das Werk
nahm einen derart subjektiven Charakter an, daß die
Personen des Dramas fast nur zu Sprachrohren des
Dichters wurden. Dadurch aber erwies sich das ganze
Werk als nicht lebensfähig, was um so mehr zu bedauern
bleibt, als es reich an packenden Momenten ist. Auch
hier hatte Ritter sein künstlerischer Sinn geleitet, als er
nach einigen Skizzen die Komposition einer Dichtung, die
sich ihrer tendenziösen Anlage nach als zu spröde für un=
mittelbare dramatische Wirkung erwies, aufgab.

Die Vertiefung in die christliche Mystik blieb auch auf
Ritters äußeren Lebensgang nicht ohne Einfluß. Sie
führte den ohnehin sich mit der Welt schwer abfinden=
den noch mehr in die Einsamkeit des eigenen Ideenreiches.
Das Weltbild, wie es sich ihm im Rückblicke darstellte,
hatte für den einst hoffnungsfrohen Optimisten nichts
Anziehendes. Für Verbreitung der eigenen Kompositionen
zu wirken und damit sich wenigstens durch Bande per=
sönlichen Interesses mit der Außenwelt zu verknüpfen,
hatte Ritter ja niemals verstanden. Eines gab er aber
auch jetzt, in der Stille der letzten Jahre nicht auf, seine
Überzeugung zu bekennen und für sie zu werben. Wo
es erforderlich war, ein offenes Wort unerschrocken und
mit Hintansetzung eigenen Vorteils auszusprechen, war
Ritter zur Stelle. In erster Linie galt es, für seine

Leitsterne Wagner und Lißzt einzutreten. Als besonders
glänzende, hierauf bezügliche Artikel seien: „Drei Ka=
pitel von Franz Lißzt, von der heiligen Elisabeth
in Karlsruhe und von unserm ethischen Defekt"
und „Was lehrt uns das Festspieljahr 1891?"
genannt, beide in den Bayreuther Blättern veröffentlicht.
In ersterem findet sich ein Satz, der Ritters damalige
Stellung zur zeitgenössischen Kunst scharf beleuchtet: „Es
stimmt mich immer wehmütig, wenn ich jene zahlreichen
Freunde und Kunstgenossen, mit denen ich innerhalb
der letzten 36 Jahre in dauerndem oder flüchtigem Ver=
kehr gestanden, vor meiner Erinnerung Revue passieren
lasse. Welch reiche Fülle begabtester Aufnahmsfähigkeit,
ja in einzelnen Fällen wirklich rezeptiver Genialität, aber
auch welch trostloser Mangel an ethischer Kraft, die
in glücklichem Moment aufgegangene Erkenntnis festzu=
halten und zur Basis der Lebens= und Kunstanschauung
zu machen."

Außer der schriftstellerischen Tätigkeit pflegte Ritter
nur noch eine Art des Kontaktes mit der Außenwelt:
den Verkehr mit jungen Künstlern; ihnen hoffte er seine
Anschauungen zu vererben. Bald nach dem Weggang
von Richard Strauß schloß sich Ludwig Thuille ihm
an; in den folgenden Jahren gesellten sich zu ihm die
Komponisten Hermann Bischoff, Fritz Neff, Fried=
rich Rösch, Schriftsteller J. Hofmiller und andere.

Die Stille und Einsamkeit begünstigte ein reiches Schaf=
fen auf dem Gebiete des Liedes und der symphonischen
Dichtung. In den Jahren 1890—1894 entstand eine
Reihe tiefernster Gesänge. Immer mehr wandte sich der

Blick nach innen; hier die schmerzlichsten Geheimnisse der
ringenden Menschenseele erschauend, hat er sich vom
Leben losgelöst. Das letzte der Lieder berührt wie ein
feierlich erhabener Gruß an den Tod.

Mit der Elle gemessen, nehmen die etwa 60 Lieder,
welche Ritter geschaffen, keinen zu großen Raum in der
modernen Lyrik ein. Um so mehr Beachtung beanspruchen
sie aber der Art nach. Ritter bewegte sich auf diesem
Gebiete fast von Anfang an mit einer Sicherheit, welche
den geborenen Lyriker verrät. Es ist unleugbar, daß
diese Sicherheit wesentlich durch das Vorbild des Liszt=
schen Liedstiles unterstützt wurde; aber Ritter baute weiter
und gelangte zu selbständigen Ergebnissen. Liszts Lied
begnügt sich nicht damit, die allgemeine Stimmung eines
Gedichts zum Ausdruck zu bringen, sondern paßt sich
auch formal der Architektur desselben vollkommen an.
Die Deklamation ist so eindrucksvoll und den Wendungen
der Dichtung folgend, wie sie eben nur einem Künstler
von den glänzenden Geistesgaben eines Liszt gelingen
konnte. Doch war es ihm als Nichtdeutschen verwehrt,
der Sprache die letzten Feinheiten abzulauschen. Gerade
dort, wo an Stelle des bewußten Durchdringens durch
den in höchster Kultur geschärften Verstand das naive
Mitempfinden aus den unbewußt in uns schlummernden
Schöpferkräften der Muttersprache heraustreten sollte,
machte Liszt naturgemäß Halt. Hier aber ging Ritter
einen Schritt weiter. Seine Deklamation ist nicht eine
Übertragung der Dichtung in Musik, sondern es scheint,
als ob durch sie erst die latente Melodie der Dichtung
ihre Gestaltung in Tönen gefunden hätte. Das Prinzip

des Aufbaus aber, nach dem Ritter seine Lieder schuf,
stellt eine letzte Konsequenz dar, über die nicht mehr
hinausgegangen werden kann. Ritter gesteht dem Musiker
als solchem auch nicht das kleinste Recht zu, sofern dieser
es nicht aus der Dichtung herleiten kann. Er stellt sich
so ganz in den Dienst des Dichters und verzichtet strikte
auf jedes musikalische Sondergelüste. Deshalb sind seine
Lieder niemals eine musikalische Erweiterung oder Ver=
breiterung des Gedichtes, sondern nichts anderes als die
Dichtung selbst, durch die Musik zu höchster Intensität
des Ausdrucks gesteigert. Dieses sich Unterordnen führt
Ritter aber nicht etwa zum Aufgeben subjektiven Empfin=
dungsausdruckes, sondern ermöglicht ihm erst recht, dem
Liede den Stempel seiner Persönlichkeit aufzudrücken.
Denn wie die latente Melodie der Dichtung seinem
Ohre geklungen hat, so tönt sie im Liede wieder. Da
seine Musik nie selbstherrlich auftritt, sondern die innigste
Verbindung mit der Dichtung eingeht, scheint es fast,
als wären Dichter und Komponist eins. Ebenso würde
man fehlgehen, etwa Ritters Lieder als rezitativische Ge=
sänge anzusehen. So wenig ein gutes Gedicht lediglich
eine deklamatorische Aneinanderreihung einzelner Sätze ist,
sondern ein organisches Ganze darstellt, so wenig wird
ein solcher Vorwurf seine Lieder treffen. Bei allem blitz=
schnellen sich Anschmiegen an die einzelnen Wendungen
der Dichtung ist der einheitliche Zug immer gewahrt.
Die Grundstimmung ist so intensiv nachempfunden und
so beherrschend, daß alle Einzelheiten ungezwungen sich
aus ihr zu ergeben scheinen. Intuitives Erfassen des
Gefühlsinhaltes und Vermeidung jeder musikalischen Ab=

schweifung bedingen die knappe Geschlossenheit des Ritter=
schen Liedes. Auch in der Begleitung spielt ihm der ab=
solute Musiker niemals einen Streich; sie ist reich, an
entscheidenden Momenten tritt sie bedeutungsvoll ergän=
zend vor, aber das Melos des Liedes liegt immer in
der Singstimme, aus ihr allein ergeben sich alle har=
monischen und rhythmischen Veränderungen der Beglei=
tung. Zwischenspiele finden sich nur da, wo der Dichter
gleichsam einen Gedankenstrich setzt, Nachspiele fehlen fast
vollständig; ja in manchen der späteren Lieder entwickelt
sich zu einer Art Eigenheit, daß der Schluß des Gesanges
und der Begleitung zusammenfallen, selbst da, wo der
Musiker vielleicht das Verlangen nach Bekräftigung des
Schlusses durch ein oder zwei Takte Nachspiel empfindet.
Was Ritter auf anderem Gebiete zur direkt und oft ab=
sichtsvoll betonten ethischen Tendenz führt, befähigt ihn
im Liede, die Pointe auf das Eindrucksvollste zu unter=
streichen. Niemals gibt er sich ziellos einem allgemeinen
Gefühlsüberschwange hin, sondern stets faßt er den Grund=
gedanken der Dichtung fest ins Auge, ihn plastisch zu
gestalten. Und dies alles geschieht mit den einfachsten
Mitteln, lediglich durch die Prägnanz des Ausdrucks.
Bei aller blühenden Melodik, bei aller Langatmigkeit
mancher Linie des Gesanges wird man, sicher in den
späteren Liedern, vergeblich nach einem Takt lediglicher
Musikmacherei suchen. Es muß bis zu gewissem Grade
jedem unbenommen bleiben, durch die Art der in den
Liedern laut werdenden Empfindung angezogen oder fremd=
artig berührt zu werden; allein der Erkenntnis, hier dem
strengsten und konsequentesten Stile des modernen Liedes

gegenüber zu stehen, wird sich niemand verschließen dür=
fen. Noch ist der Beginn unserer neuzeitlichen Musik=
epoche in zu großer Nähe, als daß man von der All=
gemeinheit ein objektives Urteil verlangen dürfte. Der
künftige Historiker aber würde sich einer Geschichtsfälschung
schuldig machen, wenn er es unterlassen würde, Ritter
den ihm gebührenden Platz als Führer in das Neuland
der Lyrik neben Liszt, Cornelius, Wolf oder Strauß an=
zuweisen. — Freilich, zur Popularität haben Ritters
Lieder es bis jetzt noch nicht gebracht. Die Mode war
nicht ihre Fürsprecherin. Auch lenkten die beiden Riesen
Wagner und Liszt so Aller Blicke auf sich, daß weniger
gewaltige Erscheinungen leicht übersehen wurden; auch
Cornelius, dem es erst jetzt durchzudringen gelang, mußte
darunter leiden. Was Ritters Liedern die Popularität
versagte, liegt aber auch mit in dem Umstande begründet,
daß ein großer Teil unseres Konzertpublikums sich mit
dem oberflächlichen Wohlgefallen an den klanglichen Reizen
der Musik begnügt. Ritter will, ganz im Gegensatz
hierzu, durch die Musik die Dichtung zu eindrucks=
vollster Gestaltung gelangen lassen. Im musikalischen
Eindruck sich die Tiefen einer Dichtung erschließen zu
lassen, ist jedoch nicht Sache des Durchschnittshörers; in
seinem Gedächtnis bleibt der dichterische Gedankengang
eines Liedes kaum in seinen gröbsten Umrissen haften,
indes er die dazu gehörige Melodie vor sich hinträllert.
Ernste Künstler unter den Liedersängern versuchen hierin
segensreiche Wandlung zu schaffen; es steht zu hoffen,
daß diese auch Ritters Liedern zustatten kommen wird.

Seine erste Vokalkomposition, die Ballade „Belsazar"

von Heine, verrät schon den Vorzug großer Knappheit
und sinngemäßer Deklamation; doch ist der Ausdruck
noch etwas unfrei, auch ist die Musik noch nicht ganz
aus der Dichtung geboren, sondern wandelt ab und zu
eigene Wege. Von den nächsten Liedern „Gute Nacht"
(B. Paoli), „Wie sehr ich dein" (Lenau), „Erklärung"
(Heine) erbringt das letztere, wie wir gesehen haben, den
vollgültigen Beweis für Ritters lyrischen Beruf. Kam
aber diesem grimmig leidenschaftlichen Ergusse der Sturm
und Drang der Entstehungszeit zustatten, so ist es er=
staunlich, mit welcher Reife in „Zweierlei Vögel", „Kra=
nich", „Neid der Sehnsucht" und „Welke Rose" (alle
vier nach Lenau) der Charakter der Dichtung getroffen
ist. Das breite Hervorheben der Pointe in „Zweierlei
Vögel" beglaubigt Ritters Handschrift; in „Neid der
Sehnsucht" und „Kranich" fesselt das tiefe Erfassen der
Grundstimmung, die beispielsweise im letzteren schon durch
die ersten Takte der Begleitung hingestellt ist; doch be=
sitzen beide Lieder in ihren bewegten Teilen noch nicht
die spätere Knappheit, indes die „Welke Rose" stilistisch
wie inhaltlich am höchsten steht. Ihnen folgen der an=
mutige „Frühlingston" (Lenau) — leider nie veröffent=
licht — und „März" (Ad. Stern). Diese in den sech=
ziger Jahren entstandenen Lieder bilden das Vorspiel zu
zwei zyklischen Werken, den „Schlichten Weisen" und den
„Liebesnächten", in denen Ritter die volle Höhe seines
Schaffens erklommen hat. Der stoffliche Gegensatz der
Zyklen gab ihm Anlaß, das Ausdrucksgebiet nach zwei
verschiedenen Seiten zu erweitern, nach der anmutig
zarten und nach der fast dramatisch leidenschaftlichen.

Die „schlichten Weisen" (Felix Dahn) sind in ihrer feinen,
durchsichtigen Linienführung voll schalkhaften Humors und
rührender Sinnigkeit. Die „Liebesnächte" sind elf Hymnen
nach verschiedenen Dichtern, bald Einzel= bald Zwiege=
sänge von Mann und Weib. Die Dichter sind Lenau,
Rückert, Ad. Stern, Eichendorff, A. v. Leutwein, Alex.
und Karl Ritter. Das Werk leitet ein breit dahin strö=
mendes Vorspiel ein. „Endlich allein" ringt sich der
Jubelruf aus der Brust der Liebenden; sie begrüßen die
Nacht, in deren Zauber sie die Welt vergessen, nur von
dem einen Gefühle durchdrungen, „Wie sehr ich dein".
In ihm verglühen zu dürfen, ist ihr sehnender Wunsch.
Frau Minne rufen sie an, treue Liebeswacht zu halten.
In der Geliebten Bild scheint dem Manne alles Sein,
Gott und Welt zusammenzufließen. Nicht daß sie sich
mit Armen umschließen, kann ihnen genügen, auch ihre
Geister mögen in einer Flamme emporlodern. Wortloses,
seliges sich Auflösen und Entrücktwerden ist die Grund=
stimmung des nun folgenden Zwischenspieles, das zum
Schlußgesang überleitet. Ein Ton sind die beiden im
schönen Liede Gottes. — Die von Ritter gewählte fein=
sinnige Reihenfolge der Dichtungen stellt nicht nur eine
geschlossene Entwicklung, sondern auch eine stetige Steige=
rung dar, die besonders von der Anrufung der Frau
Minne an bis zum Schluß zwingend mit sich fortreißt.
Das tiefernste Zwischenspiel zumal hebt das Ganze weit
über die Bedeutung eines gewöhnlichen Liebesduettes hinaus.
Oft nimmt der Ausdruck der Liebesleidenschaft einen Zug
fast religiöser Begeisterung an. Der einheitliche Grund=
ton des Werkes ist strenge gewahrt, wenn auch nicht

verkannt werden darf, daß beispielsweise ein Lenau den
Komponisten noch tiefere Töne finden läßt, als ein Rückert.
In scharfem Gegensatz zum kraftvoll freudigen Schwung
der „Liebesnächte" stehen die „Möve" (Rich. Pohl) und
das „Trostlied" (C. Altmann), beide von schmerzlichem
Ernst erfüllt. An der Spitze der in den achtziger Jahren
geschaffenen Lieder bietet sich uns ein Beispiel größter
und dabei eindrucksvollster Einfachheit, „Nie zurück"
(Lenau), indes das „Gebet" (Hebbel) ein äußerst schwung=
voller Hymnus ist. „Liebesjubel" (Rich. Pohl), „Meine
Rose" (Lenau) und „Die Wundervolle" (Dahn) sind
drei Liebeslieder voll heißer Leidenschaft und inniger
Schwärmerei. „Ich weil in tiefer Einsamkeit" (Corne=
lius) stellt in seiner breiten Anlage und konzentrierten
Stimmung einen der schönsten Gesänge Ritters dar; „Das
Flüchtige" (Dahn), sowie die anmutigen „Fragen" (R.
Leander) verlegen den Ausdruck ausschließlich in die
Singstimme, während die Begleitung vollkommen zurück=
tritt. „Ich möcht ein Lied dir weihn" und „In Lust
und Schmerzen" (beide nach Cornelius) sind gleich dem
einige Jahre später entstandenen „Keine gleicht von allen
Schönen" (Byron) mehr äußerem Anlaß entsprungen
und liegen abseits vom Wege; auch „Treue" (Cornelius),
so ansprechend es konzipiert ist, wäre nicht unter den
charakteristischen Liedern zu nennen. Zu diesen gehören
aber wieder „Sternenewig" (Dahn), „Im Alter" (Rückert)
und „Verschlungene Wurzeln" (Cornelius). Über dem
Rückertschen Liede liegt der Schimmer wehmütiger Er=
innerung; meisterhaft gehen Dichtung und Musik inein=
ander, besonders fesselnd in der deklamatorischen Behand=

lung des erſten Teiles. Die „Verſchlungenen Wurzeln"
konnten in dieſer eigentümlichen Verbindung von Melos
und Deklamation kaum einem, wie Ritter gelingen.
„Buntes Treiben, wirre Welt" und „Mit einem Strauß"
(beide nach Cornelius), in den neunziger Jahren entſtan=
den, bekunden, wie es Ritter bei aller Leidenſchaft ſeines
Weſens am wohlſten wird, wenn er dieſe in den Dienſt
der Erkenntnis ſtellen kann. Ihnen folgt das ſchalkhafte
„Nimm's mit" (Cornelius). Der in ſich verſenkten und
doch von ungebrochener Kraft und faſt jugendlichem
Feuer zeugenden Stimmung der letzten Jahre geben die
beiden, auf Lenauſche Texte komponierten Lieder „Heimat=
klang" und „Mahnung" ergreifenden Ausdruck. Wer
Ritters Eigenart, die Miſchung von Zartheit, Leidenſchaft
und Glaubensinnigkeit kennen lernen will, nehme das
Liederpaar „Primula Veris" zur Hand. „An die Mut=
ter" richtet er im nächſten, von J. E. Rothenbach ge=
dichteten Liede Töne heißen Dankes; ein Anklang an die
ſchlichten Weiſen mahnt an glückliche Jugendtage. Ein
düſterer Ton klingt durch „Odem der Liebe" (J. E.
Rothenbach) und „Im Haſelſtrauch" (R. Stieler), be=
ſonders aber durch das ſchmerzliche „Ich hör' meine
alten Lieder" (B. Paoli); zu voller Kraft der Leiden=
ſchaft erhebt ſich „Im Sturm" (R. Stieler). „Zum
Abſchied" ſingt er ahnungsvoll, ſeiner „Sehnſucht nach
Vergeſſen" leiht Lenau die beziehungsreichen Worte. In
„Blick in den Strom" desſelben Dichters ſcheint des
Künſtlers Seele ſelbſt ſich loszulöſen von allen Hoff=
nungen des Lebens. Aber nicht mit Klängen ſolcher
Schwermut ſoll das Liederwerk beendet ſein; die erſten

Zeilen von J. Schobers „Todesmusik", denen Ritter eine
eigene Umdichtung anschließt, geben ihm den Anlaß zu
den feierlichen Klängen seines letzten Liedes. Wie sein
Leben vom ersten bis zum letzten Atemzug den höchsten
Gütern der Menschheit geweiht war, so will er, wenn
ihn das Schicksal abruft, auch in ihrem Dienste sterben:
„Also in der Töne Fluten laß mein Leben sich verbluten".
    Die Betrachtung des Ideenkreises, in dem sich die Dich=
tungen der Lieder bewegen, lehrt auf den ersten Blick,
wie Ritter nur solche Texte zur Komposition wählte,
welche seinem Gefühls= und Gedankenleben aufs innigste
verwandt waren. Auch die Lieder dienen ihm zum
Glaubensbekenntnis. Sein Lieblingsdichter ist Lenau, dessen
Dichtungen der gedankentiefen und oft schwermütigen
Versenktheit seines Wesens am meisten entsprachen.
    Nicht das Lied war zum Schlußstein in Ritters Werken
berufen. Er kommt wieder auf die symphonische Form
zurück, die ihm in Jugendjahren zum erstenmal die volle
Freude am Schaffen erschlossen hatte. Ein Vorläufer
„Gottfried des Sängers" muß die im Jahre 1890 ent=
standene „Erotische Legende" für großes Orchester
genannt werden; denn sie ist demselben religiös=mystischen
Stimmungskreis entsprungen, wie der spätere Einakter.
Keine eigentlich programmatische Idee lag ursprünglich
der Komposition zugrunde, sondern mehr die allgemeine
Empfindung einer Verherrlichung der himmlischen Liebe.
Erst später gab Ritter der Legende ein Programm bei,
das sich aber mit dem Inhalt des Werkes nicht ganz
deckt. Es wird eine slavische Sage herangezogen, nach
der Jüngling und Jungfrau durch ihre Liebe nicht zu

gegenseitigem Begehren, sondern zu gemeinsamer An=
betung Gottes geführt werden; von Gott in einer Wolke
gen Himmel entrückt, glänzen sie fortan als ein leuchten=
der Stern am Firmament. Das Grundgerüst der Form
ist die Ouvertüre mit langsamer Einleitung und darauf=
folgendem Allegro. Ein breit dahinströmender, ungemein
eindrucksvoller Zwiegesang führt zum sanft verklingenden
Schluß.

War dieses Werk ein Vorklang zu Ritters letztem dra=
matischen Entwurf, so bedeutet der im nächsten Jahre
geschriebene symphonische Walzer: „Olafs Hochzeits=
reigen" den Ausklang seiner langjährigen Arbeiten am
Drama „Olaf". Geheimen Liebesbundes mit der Tochter
des Königs ist Ritter Olaf angeklagt; er wird zum Tode
verurteilt. Um die Grausamkeit der Strafe zu erhöhen,
wird er vorher der Geliebten mit allen königlichen Ehren
und in rauschender Festlichkeit angetraut. Den Hochzeits=
reigen tanzt er mit seinem Weibe. Wohl schaudert das
Paar zusammen, wenn es der Tanz an dem Henker,
der in der Türe mit dem Richtschwert wartet, vorbei=
führt; aber immer mehr geben sie sich seliger Liebes=
vergessenheit hin, bis mit dem Glockenschlag zwölf der
Henker eintritt; des Amtes zu walten jedoch ist er ent=
hoben; entseelt sind die beiden niedergesunken, „Sehn=
suchtswonne und Todesgrauen hatte sie dahingerafft".
In die äußere Form des Walzers mußte Ritter einen
glühenden, stets verzehrender sich äußernden Liebeshymnus
zu gießen, der mit einem Male unter den dröhnenden
zwölf Schlägen des Tamtams zusammenbricht und in
einem letzten Seufzer erstirbt. — Derselbe dichterische

Vorgang, auch von Heine behandelt, lag dem Drama
Karl Ritters zugrunde. Die von Alexander gewählte
Art der musikalischen Umgestaltung ist eine ebenso glück=
liche wie originelle Idee. Die Walzerform ist der sym=
phonischen Entwicklung dienstbar gemacht und kleidet ein
Stück von glänzender Wirkung ein.

Dem Ausdruck religiösen Empfindens wiederum dienen
zwei im Jahre 1893 geschriebene Orchesterstücke, „Char=
freitag" und „Fronleichnam". Es sind Stimmungs=
bilder von packendem Gegensatz. In „Charfreitag" scheint
die Heilandsklage in einer einzigen, weit ausholenden
Melodie voll schmerzlichster Inbrunst zu ertönen; der
Leidenstag des Erlösers ward zum Leidenstag der ganzen
Menschheit. Mit frohem Glockengeläute setzt „Fron=
leichnam" ein; in einem zarten, fugierten Satze sprießt
es wie Lenzesblühen ringsum auf, Sonnenglanz breitet sich
über die Welt; in strahlender Majestät ersteht der Gott=
heit Größe, der sich der Mensch in Anbetung neigt.

Ein Jahr darauf veröffentlichte Ritter mit einigen
Umänderungen, wie schon früher erwähnt, Sursum
corda, eine Sturm= und Drangphantasie. Sich
durch Herausgabe dieser soviel früher entstandenen Kom=
position mit ihrem Inhalt zu identifizieren, konnte er
wagen; denn war sein Wesen auch herangereift in der
Schule des Lebens, sein Herz war jung geblieben, und
Sursum corda* lautete die enthusiastische Losung jetzt wie
ehedem.

Im Juni 1895 stirbt Franziska Ritter, und mit ihr

---

* „Empor die Herzen!"

erlischt die Leuchte, die bis dahin des Gatten von Sorgen
und Stürmen hart bedrängten Weg treu erhellte. Hatte
Ritter schon in den letzten Liedern sich mit dem Gedanken
des Abschieds vom Leben vertraut gemacht, so fühlte er
jetzt nach dem Tode seiner Gattin jedes Band, das ihn
mit der Welt verbunden hatte, gelöst. Aber es ist kein
allmähliches Erlöschen. Ungebrochen sieht er der letzten
Stunde entgegen. Sein Schwanengesang, die sympho=
nische Trauermusik „Kaiser Rudolfs Ritt zum Grabe",
ist ein kraftvolles, stolzes Werk. Wahrlich, unter solchen
Klängen schreitet ein Kaiser seinem Grabe zu. Der
Komposition liegt ein Gedicht Justinus Kerners zugrunde,
dessen Gedankengang ihr in Prosaauszug als Programm
vorangesetzt ist. Als der greise Kaiser Rudolf von Habs=
burg sein Ende nahen fühlte, befahl er den Seinen, ihn
in feierlichem Zuge nach dem Dom in Speyer zu geleiten.
Auf dem treuen Schlachtroß, umdrängt von seinem Volke,
zog der weißgelockte Herrscher durch das Land; seine
Gedanken aber ließ er zurückschweifen zu seinen Kinder=
träumen, zu dem heißen Ringen, Fehlen und Erringen
der Mannesjahre. Dazwischen wieder „spricht von Him=
melslust der Greis". Als der Zug den Dom betritt,
tönen dumpf und ernst die Glocken. Der halb Sterbende
wird aus dem Sattel gehoben; wankend, doch ungestützt
und allein schreitet er zum Sarge, in den er sich selbst
bettet; dann entschläft er; von oben klingen ihm leise
Engelschöre entgegen. — Während die Erotische Legende
an das alte Duvertürenschema, Olafs Hochzeitsreigen an
die Walzerform anknüpft, während Sursum corda noch
die Gesetze der absoluten Musik in sich trägt, und Char=

freitag und Fronleichnam zwei Stimmungsbilder ohne
fortschreitende Entwicklung, wie es der symphonische Stil
verlangen würde, sind, liegt im „Kaiser Rudolf" ein
Werk vor, das seinen organischen Aufbau ganz aus der
dichterischen Anregung empfing, und so eine symphonische
Dichtung im strengsten Sinne des Wortes genannt werden
muß. Durch die Identifizierung dichterischen und musi=
kalischen Empfindens entwickelt sich die Musik frei und
ungezwungen aus der programmatischen Idee heraus,
ohne daß diese ihr Gewalt antut. Von herbem Ernste
ist das Werk erfüllt; nirgends aber ein Ton der Resig=
nation, des Ermattens oder der Klage. Denn eines
blieb in allen Lebensstürmen unerschüttert und unzerstör=
bar: der Glaube.

Einen schöneren und sinnigeren Abschluß hätte Ritters
Schaffen nicht finden können, als im „Kaiser Rudolf".
Das kaiserliche Vorbild gab seinen eigenen Abschieds=
gedanken symbolische Gestaltung. Noch einmal aber
sollte er jener Welt einen Gruß zusenden, in die er so
zahlreiche unerfüllte Hoffnungen gesetzt hatte. Im März
des Jahres 1896 führte Richard Strauß in München
Sursum corda auf. „Wie der Beifall gar nicht enden
wollte, erschien Ritter zwei=, dreimal auf dem Podium
und dankte. Die Leute machten große Augen, da sie
den schönen alten Herrn sahen; sie hatten wohl einen
heißen Jüngling erwartet", berichtet ein Augenzeuge (J.
M. Hofmiller in der „Gesellschaft", 1896). Einen Monat
nachher, am 12. April, folgte Ritter seiner Gattin im
Tode.

Still und einsam, wie er in den letzten Jahren gelebt

hatte, starb er auch, in der von Sensation zu Sensation
jagenden Öffentlichkeit rasch vergessen, aufs Tiefste aber
von allen denen betrauert, die seines Geistes einen Hauch
verspürt hatten. Ihnen war es klar, daß hier ein
Künstler von hinnen gegangen war, der ein Beispiel
gegeben hatte, durch die Reinheit, Wahrhaftigkeit und
Notwendigkeit seiner Kunst, durch die nie wankende Treue,
Unerschrockenheit und glaubensstarke Lauterkeit seines Charakters. Solcher Erscheinungen gibt es nicht zuviele;
ihr Anblick verleiht dem, der abseits von der Heeresstraße
nur sich selbst und seiner Überzeugung getreu, den dornen-
vollen Pfad reinen Künstlertums geht, neue Zuversicht.
Und auch der blicke auf Ritter, den es verlangt, jenen
Satz in Tat umgesetzt zu sehen: Deutsch sein heißt eine
Sache um ihrer selbst willen tun. Der Musiker aber
lerne aus seinen Werken, wie der Geist des großen Doppel-
gestirns nicht nur geeignet war, Schule zu machen, sondern auch lebendig weiterzuwirken. Denn stellt Ritters
Schaffen auch nicht einen jener Akkorde dar, die durch
ihren gewaltigen und neuartigen Klang die Grundtonart
eines ganzen Zeitalters bestimmen, so war es doch ein
vollbeseelter Ton „im ew'gen Liede Gottes", der nie verklingen wird.

eine Absicht, im Zusammenhang mit
der Lebensgeschichte Alexander Ritters auch
auf die Bedeutung seiner Mutter und die
freundschaftliche Verehrung, welche Richard
Wagner ihr entgegenbrachte, hinzuweisen,
dürfte es fördern, wenn ich im Anhange
einige Briefe des Meisters an diese Frau
folgen lasse, welche auch an und für sich
sicherlich das größte Interesse des Lesers beanspruchen werden.

I.

Liebste Frau.

Ich habe lange auf einen Brief von Ihnen gewartet. Der
Gegenstand meiner letzten Anfrage hat sich wohl schon erledigt:
nach Karls* Berichten hat es zunächst mit ihm noch keine wirk-
liche Not. — Über Karl schreibe ich Ihnen heute.

Was er über seinen Aufenthalt vorhat, darüber scheint er
mir nur im allgemeinen soweit klar zu sein, daß er nicht wieder
nach Zürich zurück will; ich kann ihm das nicht verdenken, — er
gefällt sich hier nicht und hat am Ende wohl auch Grund dazu.
Ihm und mir ist es aber auch klar geworden, daß es für ihn
gut ist, meinen ausschließlichen Umgang eine Zeitlang aufzugeben,
er fühlt sich unwillkürlich durch mich zu sehr bestimmt und an
der Selbstentwickelung verhindert: ist dieser Einfluß auch eben
nur ein unwillkürlicher, so zieht er ihn — für sein jetziges Alter
doch zu sehr von einem Umgange ab, in welchem er zur Selbständigkeit heranreifen kann. Er muß sich und dem Umgange
mit Altersgenossen jetzt mehr überlassen bleiben. Außerdem bin
ich meist melancholisch und meine Stimmung drückt auf ihn. —
Was er jetzt aber auch unternehmen möge — seien Sie außer
Sorge um ihn: er trifft das Rechte ganz von selbst. — Vor
ungefähr drei Monaten habe ich ihn brieflich einmal sehr hart

---

* Bruder Alexander Ritters.

angelassen; er schien heftig erschrocken darüber und der Schreck hat seine guten Früchte getragen. Vor zwei Wochen besuchte er mich in Zürich: so trüb ich gestimmt war, vermochte ich doch noch hell genug zu sehen, um mich der Veränderung Karls zu freuen. Er hat so viel in sich, daß er an sich selbst ersticken müßte, wollte man ihn von Außen einschränken. Wegen seines noch nicht zu stande gekommenen Dirigierens sagte er mir: er müßte es nicht forcieren, denn so viel habe er nun schon an sich gemerkt, es käme bei ihm alles mit der Zeit, so daß er — was er heute noch nicht könne — in einem Jahre könne. — In seinem Wesen war er um vieles frischer und mitteilsamer, als da er von hier vor vier Monaten fortging. Lassen Sie ihn gehen und machen, was er Lust hat: nur dabei treibt er alles das aus sich heraus, was in ihm steckt, und das ist so viel, daß ich mannigmal darüber erschrecken könnte, wenn ich nicht einer ähnlichen Fülle in der Geschichte schon begegnet wäre. Ich bin völlig neugierig auf seine fernere Entwickelung, — die vielleicht aber selbst bösartig werden könnte, wenn er irgend einem Zwange erliegen müßte.

Nach mir fragen Sie nicht viel: — noch Bauer werden zu können ist mein einziger Wunsch! Das Frühjahr bringt mir wieder die Natur, das ist mein einziger Trost! — Schlimm ist's, daß ich mir immer affektiert vorkommen muß, wenn ich mich mutig und hoffnungsvoll gebärde. Nur Eines kann ich mir mit Stolz sagen: so weit ich blicke, glaube ich, daß noch kein Künstler um seiner Kunst willen Schmerzen empfunden hat wie ich — weil ich die Grille habe, die Kunst mir nicht mehr ohne den Menschen zu denken. —

Lassen wir das! Ich freue mich jetzt in Geschäften zu stecken, nämlich mein letztes Manuskript an den Mann, d. i. Buchhändler zu bringen. Teilen Sie doch die gedruckte Beilage an Uhlig mit.

Grüßen Sie Ihre Kinder, beste Frau! Leben Sie wohl, und seien Sie versichert, daß das Übelste, was mich noch betreffen könnte, das ist, daß Sie Ihren Vorsatz — in die Schweiz überzusiedeln — nicht ausführen können.

10. März 51. Enge bei Zürich.   Ihr   Richard W.

II.

Liebe Frau!

Es ist wirklich Zeit, daß ich Ihnen einmal wieder sage, wie sehr ich Sie liebe! Ich nehme mein schönstes Papier dazu, um Ihnen diese Liebeserklärung recht augenscheinlich zu machen.

Das letzte, was ich von Ihnen weiß, ist nur, daß Sie Liszt zum Seraph gemacht haben: seitdem weiß ich nur, daß Sie — nach wie zuvor — fortfahren, Nachsicht gegen mich zu üben; dafür danke ich Ihnen! Denn wahrlich, ich bedarf's, sonst ist mit mir nicht einen Tag auszukommen. Meine in jeder Hinsicht so gefesselte und gebundene Lage hält mich nun einmal im fort=währenden, inkurablen Fieber. Ich kenne keine Ruhe, als die der Erschöpfung des Fiebers: Ermattung, nicht Ruhe. Eine un=glaublich mannigfaltig kombinierte Situation, die ich vor bis in die weitesten Weltzustände verfolgen kann, erhält mich fest und unentwindbar in meinem Schicksale: ich bin gefangen bis in die notwendigsten Regungen meines Herzens hin, und nichts bleibt mir, als darüber zu weinen, zu toben — und endlich auch wohl ein=mal zu lachen. Zu Zeiten bricht der Jammer in hellen Flammen aus: jetzt war's einmal wieder so weit; Liszt hat böse Briefe von mir bekommen. Sie sollen aber nichts davon wissen, und die vorsichtige Emilie* auch nicht.

Seit ich von Paris zurück bin, machte ich mich an die Kom=position des „Rheingoldes" — ich warf mich so leidenschaftlich auf diese Arbeit, daß ich, trotz einer längeren Unterbrechung durch Krankheit, um die Mitte dieses Monats schon damit fertig wurde. Im Sommer soll die Walküre in Musik gesetzt werden, und Ende nächsten Jahres denke ich auch mit den beiden Siegfrieden fertig zu sein. Im Mai 1858 sollen hier in Zürich die Auf=führungen des Ganzen beginnen: — lebe ich bis dahin nicht mehr, so ist's desto besser. Dann wird wahrscheinlich Rietz in Leipzig das Ganze zu meiner Totenfeier aufführen: — das wäre so recht analog meinem ganzen Leben!

Mit den jetzigen Aufführungen meiner Opern habe ich mir auch eine rechte Züchtigung aufgebunden: daß ich mir untreu ge=worden bin, und überhaupt diese Aufführungen zugab, muß ich

---

* Alexander Ritters Schwester.

recht büßen. Das Peinliche ist auch dabei, daß mir zeitweise die Hoffnung auf starken Gewinn erweckt wurde, was mich — wie ich nun einmal bin — zur Verschwendung verleitete: plötzlich läuft dann alles so recht ledern auf Pfennige und Groschen hinaus, daß ich mir immer wie im Erwachen aus den dummen Träumen vorkommen muß, wo man Haufen Geld findet, von denen dann keine Spur vorhanden ist. — Der Leipziger Lohengrin wird mich überhaupt wohl stark wieder zurückbringen: — es geschieht mir ganz recht; wie kann ich dies Werk aufführen lassen, ohne es mindestens einmal selbst ins Leben gerufen zu haben.

Nun, das sind eitle Klagen, denen sich ein solider Mann nicht hingeben soll. — Ich muß Ihnen aber doch noch sagen, wie ich jetzt hier lebe. Wie ein rechter Phantast. Ich habe seit einiger Zeit wieder einen Narren am Luxus: (wer sich denken kann, was er mir ersetzen soll, wird mich allerdings für sehr genügsam halten!) des Vormittags setze ich mich in diesem Luxus hin und arbeite: — das ist nun das notwendigste, und ein Vormittag ohne Arbeit ist mir ein Tag in der Hölle. Unter Arbeit verstehe ich aber nie „lesen" — was ich fast gar nicht mehr kann, so widerwärtig ist mir's: sondern jetzt — komponieren. Dabei übernehme ich mich gewöhnlich, reize auch meine Frau durch das Zuspät zu Tisch fertig werden zu gerechter Entrüstung: so daß ich immer mit der lieblichsten Laune von der Welt in die zweite Hälfte des Tages trete, mit der ich nun gar nicht weiß was anfangen: einsame Spaziergänge in den Nebel; an manchen Abenden bei Wesendoncks. Sagen Sie Emilien, daß ich dort noch immer meine einzige Anregung gewinne: die anmutige Frau bleibt mir treu und ergeben, wenn auch vieles für mich in diesem Umgange marternd bleiben muß. — Die interessanteste Stunde des Tages bleibt immer noch die des Briefträgers: so hänge ich immer fast einzig nur noch von außen ab.

Jetzt hatte ich mir vorgenommen, bis Ende des Monats mit neuer Arbeit auszusetzen, um mich — zu „erholen". Diese „Erholung" ist stets fürchterlich: wenn ich an die Wirklichkeit appelliere, werde ich rein fertig; dann könnte ich den ganzen Tag weinen. — So schreibe ich denn auch Briefe. Nun werden Sie sich wundern, warum ich das an Sie schreibe und noch dazu unter dem Titel eines Liebesbriefes? Sie haben recht: aber ich habe nun einmal

alle Logik verloren; und einen Willen habe ich nun schon gar
nicht mehr. Alles geht wie Kraut und Rüben durcheinander: die
lächerlichste Lustigkeit kommt mir oft in derselben Stunde mit
der mordslustigsten Traurigkeit. Das müssen Sie nun alles in
dem Liebesbriefe mitnehmen.

Vorgestern hätte ich fast an den König von Sachsen geschrieben,
er solle mich amnestieren. Natürlich dauerte das nicht lange: Dann
wollte ich geradeswegs nach Deutschland gehen, und wenn's nicht
anders ging, mich fangen lassen. Jetzt laß ich wieder Gottes
Schicksal über mich ergehen — und will mich bald wieder an
Musik machen. Sagen Sie übrigens Karl, daß ich noch — oder
wieder — ganz gut komponieren könnte: ich wär ganz zufrieden
mit dem Zeug, was ich da gemacht. Emilie schreibt mir gar
nichts über ihn: doch möchte ich gern wissen, wie sich nun seine
Verhältnisse gestalten. Er ist mir bös und wird mir's gewiß
nicht schreiben: und doch laß ich ihm versichern, daß ich ihm diesmal einen ganz vernünftigen Brief zur Antwort geben würde.

. . . .
Und Sie, liebe Frau? Geben Sie mir nicht einmal wieder
ein sichtliches Lebenszeichen von sich? Können Sie sich denn
immer noch nicht einmal zu einer Sommer-Schweizerreise entschließen? Liszt kommt diesmal mit seinen Frauen auf länger:
Wesendoncks bleiben auch: es ließe sich doch wirklich einmal eine
recht wonnige Zeit der ewigen Winterexistenz abgewinnen. Aber —
diesmal müßten Sie mit dabei sein! Das hat seine Gründe:
ich muß Sie einmal wieder haben. Denn wenn ich so auf mein
ganzes Leben zurückblicke, — die hellste leuchtendste Begegnung
bleiben mir Sie. Glauben Sie das, Sie bleiben es. —

Tausend Grüße an die Kinder! Leben Sie wohl, beste,
teuerste Freundin!

(20. Januar 54.)   Ihr   Rich. W.

III.

Liebste, liebste Freundin.

Nur schnell noch ein Paar Zeilen an Sie, damit Sie doch
endlich einmal wieder ein Lebenszeichen von mir erhalten; denn
am Ende glaubten Sie mir doch nicht, daß ich mich oft stündlich

mit Ihnen unterhalte und tausend Dinge dabei bespreche, die ich
mit gar niemand andrem besprechen kann. Glauben Sie aber
wenigstens, daß mir stets das Herz aufgeht, wenn ich an Sie
denke. —

Das war doch einmal wieder ein so grundbetrübtes und leb-
loses Jahr, daß ich mich gern fast an nichts darin erinnere. Von
London aus hätte ich wohl Emiliens Brief beantworten sollen:
aber wenn man antwortet, muß doch etwas geschrieben sein,
und was sollte ich denn von London schreiben, was nicht lieber
ganz ungeschrieben blieb? — Und dies London hat sich mir für
das ganze Jahr fortgesetzt: zurückgekehrt empfing mich mein
altes Hündchen mit noch acht Tage Leben, um mir zu zeigen,
daß es mich erwartet hatte; gleich darauf aber starb es; wir
haben zwei volle Tage an dem Korb des armen treuen Tieres
gesessen, das immer noch einmal sich aufmachte, um sich nach
meinem Arbeitsstuhl zu schleppen — und mich nicht sah, der
dicht bei ihm stand. Dann hab ich ihn in einem Kasten hinunter-
getragen und auf einer Wiese begraben. Das war wieder ein
hartes Stück für mich! —

Auf dem Seelisberg hatten wir dann immer schlecht Wetter
und alberne Menschen: glücklicherweise hatte ich mich einen Tag
über Julie* zu freuen! Kaum fand ich endlich in Zürich mich
wieder etwas in die Arbeit, so entblühte den Dornen meines
Daseins die öfter welkende, ebenso oft aber wieder knospende
Gesichtsrose, der ich nun fast drei Monate über fast unausgesetzt
als guter Gärtner meine Pflege zu widmen habe, — und das
große Kind, die Walküre, habe ich noch immer nicht zum Schlafen
bringen können.

Da haben Sie ein reiches Jahr aus einem reichen Leben, das
nur das Gute hat, mich von neuem darüber aufgeklärt zu haben,
daß das Leben eben nur dazu da ist, es überdrüssig zu werden. —
Doch habe ich Karls Ankunft in Zürich als etwas mir wider-
fahrenen Guten zu erwähnen. Es freut mich, daß es gelang,
ihn endlich seiner polizeilichen Heimatlosigkeit zu entreißen, und
mehr soll es mich freuen, wenn er sich eine Zeitlang hier gefällt, da ich ihn dann doch in der Nähe habe. In dem Jahr,

---

* Frau Julie Kummer, Schwester A. Ritters.

das ich ihn zuletzt nicht sah, kommt er mir recht zu seinem
Vorteil verändert vor: auf alle hier, die ihn früher kannten, macht
er denselben Eindruck. Wird er wohl immer auch etwas Sonder=
ling bleiben, so wird er doch auch das Recht dazu behalten, in=
dem er wirklich etwas Besondres ist. Unglücklicherweise kann ich
ihm gerade in diesem Winter sehr wenig bieten: mit der Konzert=
direktion befasse ich mich gar nicht mehr; dann bin ich immer
krank; das Wesendonck'sche Haus blieb auch bisher geschlossen
wegen Krankheit, so daß es etwas still und einsam bei uns her=
geht. Zum Glück ist das Karl aber auch ganz Recht, den ich
immer an den Haaren einladen muß, wenn er einmal zu mir
kommen soll. Jetzt ist der junge Hornstein* gekommen, ein
genialer, höchst angenehmer Bursch, der uns Beiden sehr recht ist.
  Und wie geht es Ihnen? — Karl sagt mir — gut. Ist das
wahr? — Ungemein freute uns am Weihnachtsabend Ihre liebe
Handschrift auf einem Zettel, der meine Frau zur Eignerin einer
Stolle in Emiliens Namen machte. Meine Frau erklärte als
Kennerin diesen Kuchen für den besten, den man backen könne:
ein Teil davon wird für den Neujahrstag aufgehoben, wo er
noch zu großem Aufsehen bestimmt ist. — Was sagt nur Emilie
dazu, daß ich ihr bisher immer noch nicht für die wunderschöne
Schreibmappe gedankt habe? Wirklich, als ich in Zürich ankam
und sie hier fand, hielt mich mein armer Peps ab: — dann
wollte ich auf dem Seelisberg gute Laune abwarten, und die
kam auch nicht. So bin ich in Schuld geraten. Emilie möge
mir verzeihen und dagegen versichert sein, daß die Mappe jetzt
den Stolz meines Schreibtisches ausmacht, den sie gemeinschaftlich
mit Juliens Notenmappe einnimmt. All meine literarisch=musi=
kalische Tätigkeit ist eigentlich nichts andres, als ein Wechsel der
beiden Mappen. Schönen Dank!
  Und glauben Sie mir nur, wenn ich oft mit einem entsetzlich
zweifelnden Blick in die Welt um mich sehe, und — der uner=
bittlichen Wahrheit zulieb — die anscheinenden nächsten Be=
ziehungen der Freundschaft als mit einem unvertilgbaren Makel
von — bloßer Scheinbarkeit behaftet erkennen muß, — dann
erst werde ich mir der vollen Wärme des Vertrauens bewußt,

---

* Komponist Robert von Hornstein.

das ich Ihnen zu entgegnen habe: dann weiß ich mich ganz ge-
borgen und von allem Zweifel geheilt. Muß ich mich dann oft
an den Gedanken der schrecklichsten Entsagung gewöhnen, und
jede Freundschaft fast für unmöglich, für ein bloßes Ideal halten,
so erfahre ich gerade dann immer durch einen Blick auf Sie,
daß das Ideal wahr werden kann. — Meine liebe Freundin!
Erhalten Sie mir Ihre Teilnahme und Liebe, und kann ich
Ihnen zum Lohn dafür je eine Freude machen, so glauben Sie,
daß diese auch fast die einzige wahre und echte ist, die ich selbst
erfahren kann. —

Herzlich wünsche ich Ihnen ein — erträgliches neues Jahr:
mehr darf man ja — wohlüberlegt weder fordern noch wünschen,
wenn man nicht eben gedankenlos sein will. Denken Sie dann
und wann gut und freundlich an mich und nehmen Sie dann
mit Sicherheit an, daß Sie mir nur erwidern.

Leben Sie wohl und gesund! Tausend herzliche Grüße an
Emilien; sie soll mir ja nicht böse sein.

Stets Ihr dankbar ergebener

Zürich 29. Dez. 55.   Richard Wagner.

Meine Frau kommt nicht dazu, wie sie wollte, mitzuschreiben:
dafür dankt sie allerschönstens für das Geschenk und grüßt Sie
und Emilien bestens.

IV.

Zürich, 6. Mai 57.

Liebe teuere Freundin!

Der erste Brief aus meiner neuen Wohnung ist an Sie, von
der ich den ersten in derselben empfing. Dieser erste hier, in
meinem letzten Asyl, angekommene Brief war von einem so
wunderbaren Omen für mich, daß er mich mit unaussprechlich
segenvoller Rührung erfüllte. Lassen Sie sich das ein wenig erzählen! —

Mit welcher Wehmut ich die Zeit her auf Sie blickte, welch
innerer tiefer Kummer mich dabei nagte, muß mein Geheimnis
bleiben. Immer hatte ich mir nur zu sagen, wie es möglich wäre,
einmal in Ihre Nähe zu kommen: daß wir uns vor sieben Jahren
eine sehr kurze Zeit und unter drückenden, jede Freiheit fesselnden
Umständen sahen, seitdem aber nie wieder uns persönlich berühren

konnten, — das mußte ich als mein schlimmstes Mißgeschick Ihnen
gegenüber beklagen. Glauben Sie mir, es geschah aus einem
tiefen Bedürfnisse, daß ich Sie so oft zu bewegen suchte, die
Schweiz zu Ihrem Aufenthalt zu wählen oder mindestens sie
öfter zu besuchen; ich fühlte, daß dies notwendig sei, um unsere
Freundschaft recht persönlich gründlich zu befestigen. Gerade Sie
stehen mir doch eigentlich am nächsten von Ihrer Familie; denn
nur Ihr Alter, und die von Ihnen gewonnene Freiheit des Charakters kann es Ihnen ermöglichen, jene unbegrenzte Nachsicht
gegen die heftigen Eigentümlichkeiten meiner Natur zu hegen,
deren unsereins nun einmal bedarf, um seinerseits wieder die
große Geduld und Ausdauer in der Berührung mit einer im
Grunde ihm immer feindseligen, fremden und verletzenden Welt
sich zu erhalten. Die hierzu nötige große, umfassende Sympathie
mit meiner ganzen Lage ist gewiß der Grund Ihrer Liebe zu
mir; nur aus ihr wird Ihre große, aufopfernde Treue und Liebe
erklärlich. Durch sie würden Sie sicher auch die Kraft gewinnen,
im persönlichen Verkehr mit mir viele Unebenheiten meiner äußeren
Art zu übersehen, um sich dagegen immer an dem zu halten, mit
dem ich selbst auch im persönlichen Verkehr alle jene Unebenheiten auszugleichen imstande bin; und gerade Sie — das wollte
ich eben sagen — würden so mich reiner erfassen, als Jüngere
es können, die im persönlichen Wollen und Sichgeltendmachen
selbst noch zu stark begriffen sind, um diese nötige wohltuende
und befreiende Ausgleichung mir angedeihen zu lassen. Somit
betrübte es mich immer sehr, gerade Ihnen persönlich immer so
fern stehen, ja — vielleicht — fremd bleiben zu müssen, und dies
um so mehr, als das nächste Glied, das uns verband, der Natur
nach am allerwenigsten fähig war, hier für Sie einzutreten. So
verzeihen Sie mir noch einmal diese Berührung! — war mein
erster Gedanke nach Durchlesung Ihres letzten Briefes im vorigen
Jahre: ach könntest Du nur wenige Zeit in ihre Nähe kommen! —
Lassen Sie mit diesem Wenigen sich angedeutet sein, was in
vielen wehmütigen, ängstlichen und sehnsüchtigen Vorstellungen
diesen Winter über bei meinen Gedanken an Sie mich beunruhigte! — Meine Gesundheit, nach der Sie mich so teilnehmend
fragten, unterstützt mich natürlich auch nie, wenn es darauf an-
kommt, das Gemüt frei zu machen. Wohl danke ich meinem

vortrefflichen Ärzte Dr. Vaillant, der mich vorigen Sommer in
Morne behandelte, Befreiung von der widerlichen Gesichtsrose
und die richtige Anweisung zu fernerem Besserbefinden; doch war
ich unbesonnen genug, während der Befolgung seiner — übrigens
einzig ersprießlichen — Vorschriften unausgesetzt, und zwar besonders eifrig zu arbeiten, wodurch ich mir endlich große Schwäche
und Angegriffenheit zuzog. Dazu wuchsen die Leiden, die mir
das musikalische Geräusch meiner unzähligen Hausnachbarschaften
verursachten, bis ins Unerträgliche, so daß ich auf gut Glück
meine Wohnung kündigte, um mich in die Lage zu bringen, um
jeden Preis ein ruhigeres Logis aufsuchen zu müssen. Da teilte
mir der Ihnen gewiß auch bekannte Freund Wesendonck mit,
daß er in unmittelbarer Nachbarschaft seines noch nicht ganz
fertigen, prachtvollen Landgutes ein wunderhübsches Landhäuschen
mit allerliebstem, ebenfalls herrlich gelegenem Garten gekauft
habe; eigens in der Absicht, es mir lebenslang — gegen sehr
billige Miete — zu überlassen. Das hat mir nun einen großen
Aufschwung gegeben; denn hiermit war mein längst gehegter,
sehnsüchtiger Wunsch nach einer ruhigen, ländlichen Wohnung auf
das allervollkommenste erfüllt. Das Häuschen ist nun höchst
sauber und freundlich her- und eingerichtet worden, und — seit
acht Tagen sitze ich drin. Leider war der Aus- und Einzug mit
großen Unannehmlichkeiten verbunden; meine Frau wurde, infolge
einer Erkältung, krank; ich mußte sie mühsam von jeder Beschäftigung mit dem Auszug und der Einrichtung abhalten, und
dafür alles selbst übernehmen. Böses Wetter und große Kälte —
bei noch nicht vollständig eingerichteter Heizung — kamen dazu;
frierend kauerten wir zwischen den wüst umherstehenden Möbeln
usw. zusammen und warteten unser Schicksal ab. — Da kam,
als erstes Ereignis im neuen Hause, Ihr Brief an! Mit großer
Sorge öffnete ich ihn, und mit hellen Tränen im Auge las ich
es, welch herrliche, erhabene Liebe Sie teure Frau mir schenken.
Dieser Brief erwärmte uns durch und durch, und erhellte uns
unsern Einzugstag in unser Asyl zum strahlenden Sonnen-Fest-
tag! — Mit einer gewissen Pedanterie verschob ich nun aber die
Beantwortung bis auf den ersten schönen Tag, wenn alles fertig
und gemütlich hergerichtet sein würde, um damit meinen Schreibtisch am schönen Fenster einzuweihen. Sehen Sie, dies geschieht

nun; und das erste, was mir doch immer wieder nun einzig ein-
fällt, ist der Wunsch, daß Sie uns doch endlich nun besuchen möchten!!! —

Ist denn das nur so gar unmöglich??

Können Sie sich die Freude vorstellen, die Sie mir dadurch
machen würden?? Sie und auch Emilien könnten wir ganz
passabel bei uns aufnehmen. Wir haben oben ein kleines, höchst
freundliches Stübchen zum Fremdenzimmer gemacht, wo man es
im Sommer für die Nacht und den Morgen schon aushalten
könnte; hoffentlich können auch Wesendoncks Anfang Juli meine
Nachbarschaft beziehen, und wir wollten zusammen da ganz an-
genehme Wirtschaft zustande bringen. Ach! bitte, bitte! liebste,
teuerste Frau! Fassen Sie doch einmal einen herzhaften Entschluß; es muß und wird Ihnen nur gut bekommen! Und wie
glücklich würden Sie [mich] dadurch machen! Wie gern würde
ich an Ihrer Seite Karl wieder begrüßen! — Seien Sie doch
noch einmal recht mutig!!

Sonst weiß ich wirklich nicht, wie lange das noch dauern wird,
daß ich Sie einmal zu sehen bekomme! In Dresden scheint
alles hart und fest für mich verschlossen zu bleiben, und der gute
Großherzog von Weimar soll mir nun auch sobald nicht wieder
Illusionen machen. Von jeder Seite her, und auch von der
letzteren, bleibt alles für mich — Worte, schöne Worte; und da
Sie nun mich durchaus noch nicht los sein wollen, so muß ich
Ihnen schon sagen, daß Ihre Ausdauer auch von dieser Seite
her mir sehr wohltut. Beharren Sie noch eine Zeitlang, und
bis zur Änderung meiner Lage in diesem Punkte, in Ihrer Unterstützung, so sage ich Ihnen dagegen, daß sie immer noch das
einzige Sichere ist, was mir zufließt, und mir gerade jetzt
wieder eine sehr große Beruhigung gewährt, da ich — aus tief
in den Verhältnissen liegenden Gründen — nach dem großen
Freundschaftsdienst, den mir Wesendonck gebracht, vor meinem
Ehrgefühl es nie verantworten können würde, die Hilfe meines
Nachbars für meinen Lebensunterhalt je wieder in Anspruch
zu nehmen.

Wollen Sie nun noch etwas Erfreuliches von mir vernehmen,
so sei es die Mitteilung, daß ich diesen Winter (wo ich anfangs

durch Liszts Besuch, und später durch mein großes Angegriffen-
sein stark verhindert wurde) zwar nur den ersten Akt des „Siegfried" fertig gebracht habe, daß dieser aber mir über alle Erwartung gelungen ist. Es war mir ein ganz neuer Boden, und
nach der furchtbaren Tragik der „Walküre" betrat ich ihn mit
nie gefühlter Frische: nach dem Ausfall dieses Aktes habe ich
jetzt die Überzeugung, daß der junge Siegfried als mein populärstes
Werk eine sehr schnelle und glückliche Verbreitung gewinnen, und
nacheinander alle übrigen Stücke nach sich ziehen wird, so daß
er vermutlich der Gründer einer ganzen Nibelungen-Dynastie
werden soll. Die erste Aufführung des Ganzen wird mir aber
doch erst für 1860 wahrscheinlich, denn nach gänzlicher Vollendung
der Musik bedarf ich doch ein volles Jahr zu den Vorbereitungen,
wenngleich diese mir dadurch erleichtert werden sollen, daß ich
schon jetzt auf glückliche Talente für die Darstellung stoße.
    Öfter habe ich im vergangenen Winter zusammenhängende
Szenen aus dem ganzen Werke, die ich mit einer hiesigen Sängerin
mir selbst einstudierte und von einem tüchtigen Klavierspieler begleiten ließ, bei mir zu Gehör gebracht; sehnlichst wünschte ich,
auch Sie einmal dabei zu haben! Es hat mir immer Freude
gemacht, und ich denke, es hätte Ihnen auch gefallen. Kommen
Sie nur den Sommer; da sollen Sie alles auch hören! — Es
haben sich mir viele Besuche angekündigt. Ich erwarte nacheinander Eduard Devrient, Tichatschek, Niemann aus Hannover
(der zukünftige Siegfried), Frl. Maier aus Wien (bisher in
Prag) — zukünftige Sieglinde. Johanna* hat mir durch Bülow
ihre höchste Freude darüber melden lassen, wenn ich sie noch zur
Brünnhilde nähme; ich denke wohl auch, es würde immer noch
niemand besser dafür sein. — Wie herrlich, wenn Sie so mitten
da hinein kämen!
    Im übrigen soll mich nun nichts mehr in der Arbeit stören:
zunächst verlasse ich mein schönes Asyl diesen Sommer nicht,
bis der Siegfried ganz fertig ist. Dann gebe der Himmel nächstes
Jahr zum letzten Stück Gedeihen: ist das fertig — ach! Dann
habe ich wieder soviel Zeug im Kopfe, daß ich lieber noch gar
nicht an die Aufführung dächte! —

_____

* Johanna Jachmann-Wagner.

Nun genug von mir! Grüßen Sie Julie allerbestens, und
sagen Sie ihr, der Siegfried wäre in der lieblichen Mappe schon
um ein ganz gutes Stück geraten: aber ein Tintenklex sei auch
hineingekommen, wahrscheinlich von Mime. Und mit meiner
guten Emilie machen Sie sich nächstens auf, nicht wahr? Dann
sage ich Euch Beiden, wie ich Euch danke für Eure Liebe! Leben
Sie wohl, herrliche Freundin, und genießen Sie das Glück, das
Sie mir bereiteten.

Ihr   Rich. Wagner.

Tausend herzliche Grüße von meiner Frau; mit ihrer Gesund=
heit wird es nun gewiß recht gut werden: sie pflegt einen wunder=
hübschen Garten und pflanzt Gemüse, daß es eine Freude ist! —

Bericht Albert Wagners an seine Tochter Franziska
(nachmals Gattin A. Ritters) über den Tod seiner
Mutter Johanna Geyer-Wagner.

Dresden, den 18. Januar 1848.

Mein süß Fränzele!

lles ist fort ins Theater, in die
„Weiße Frau“, wo Johanna singt,
selbst das Dienstmädchen, und ich bin
ganz allein zu Hause, weil ich mich in
Leipzig stark erkältet und einen tüchtigen
Husten und Schnupfen, heute mit etwas
Fieber vermischt, davongetragen habe.
Was kann ich nun besseres tun, mein
liebes Kind, als mich mit Dir unterhalten. Es ist alles
so hübsch still um mich her, und ich kann ungestört mich
meinen Gedanken überlassen. Zuerst also über das wich-
tigste traurige Ereignis, den Tod unserer lieben Groß-
mutter. In Leipzig kam ich nicht dazu, an Dich zu
schreiben, aber recht weh tat es mir, daß Du nicht noch
einmal bei ihr gewesen bist. Gerade an dem Tage, an
welchem du durch Leipzig gingst, legte sie sich auf ihr
Totenbett. Sie war den Sonntag noch bei den Töchtern und so ziemlich wohl gewesen. Montag hat sie sich
eine kleine Indigestion zugezogen, hat namentlich sehr
spät gegessen, und sich dabei oder nachher durch Stehen
am offenen Fenster etwas erkältet, kurz den Dienstag
blieb sie im Bett, doch ohne eigentlich bedeutend krank

zu sein, kränker war sie Mittwoch, beßer Donnerstag,
allein Julius* und das Mädchen wenigstens hatten nicht
die geringste Angst, wiewohl die Schwestern behaupten,
der eigne schwimmende Blick habe sie ängstlich gemacht
wie auch den Arzt. Julius aber war, da er der Mutter
ewiges Pimpeln mehr kannte, durchaus nicht ängstlich,
und schrieb uns deshalb auch nicht, bis zum Sonnabend
den 8., wo die Krankheit bedenklicher zu werden schien.
Da schrieb er mir. Sonntag den 9., als ich noch im
Bett lag, erhielt ich seinen rekommandierten Brief, und
obgleich ich noch kein so schnelles Ende erwartete, beschloß
ich doch gleich nach Leipzig zu reisen, um meine alte
Mutter, die ja stets am Grabesrande stand, noch einmal
zu sehen. Halb 1 Uhr fuhr ich fort. In Leipzig an=
gekommen, fuhr ich bei der Mutter vor, um wenigstens
haußen zu hören, wie es mit ihr ständ. Ich klingelte,
aber die Klingel klang nicht, und niemand kam. Da frug
ich die Hausmannsfrau, die mir sagte: daß es vorbei
wär, und Hanne nur für einen Augenblick fort. —
Schnell fuhr ich zu Ottilie**, wo ich Julius und die
ganze Familie beisammen im Schmerz traf. Da hörte
ich nun die Geschichte ihrer letzten Stunden, das frühere,
und noch folgendes: — Eben am Sonnabend habe sich
ihr Zustand verschlimmert, und obgleich sie ohne eigent=
liche Schmerzen, habe man doch das Ärgste zu befürchten
gehabt. Indes sei sie heiter und gefaßt gewesen, und
gegen Abend, wo sie ihre Töchter um sich gesehen, und
sie voll Liebe oft ihre guten Engelstöchter genannt, habe

---

* Bruder Wagners.
** Frau Ottilie Brockhaus, Schwester Wagners.

sie eine vollkommene Vision gehabt, und nachdem sie still
für sich gebetet, gesagt: „O wie ist alles so hell und schön
um mich, welch' herrliche Erscheinungen" usw. — nämlich
bei gesunden Sinnen — nur die schönsten, reinsten Bilder
seien ihr erschienen, sie habe gesagt: „Glaubt nicht, daß
mich mein Hintritt schmerzt, ich bin vollkommen vorbereitet. Ach wie ist es mir so wohl gegangen, und wie
geht es mir denn jetzt so wohl, umgeben von meinen
guten Kindern, wie habe ich das verdient". — Genug,
sie hat eine vollkommen schöne Rede an ihre Kinder
gehalten. — Das war abends 8 Uhr. Dann ist sie
etwas unruhiger gewesen, und hat, auf Augenblicke aber
nur, etwas phantasiert: „Hanne, zieh' mich doch an, siehst
du nicht, Büsner (der Hausmann bei Fritz, der sich er-
hängt) wartet ja". — Dann wieder klar. — In der
Nacht hat sie wohl ein paarmal gesagt: „Julius, ich
habe sehr Schmerzen", oder: „ich bin sehr aufgeregt",
— aber sie war immer bald wieder ruhig. Gegen 4 Uhr
früh fing sie an einzuschlafen, und Julius, ganz trium-
phierend — weil sie eben mehrere Nächte und Tage
weder Schlaf noch Appetit hatte — daß der Schlaf sie
wieder erstarken werde, legte sich selbst um 5 Uhr angezogen auf sein Bett, mit dem Befehl, ihn gleich zu
wecken. Doch die Mutter schlief ganz schön und ruhig
fort, auch am Morgen noch, so daß Julius sich halb
9 Uhr an seinen Schreibtisch setzte, um Geschäfte zu besorgen. Ottilie war die Nacht dageblieben. Luise* kam
auch um 8 Uhr wie Avenariusens und Julius war schon

---

* Frau Luise Brockhaus, Schwester Wagners.

x*

im Stillen zornig, daß sie die Mutter stören würden.
Da kommt um halb 10 Uhr das Mädchen zu den Frauen
hinein und sagt: „Ach Gott, sie schlief ganz sanft, und
atmete jetzt einmal tief auf, aber nun hör' ich keinen Atem
mehr". — Avenarius ging hin, und dann zu Julius
hinaus und sagte ihm, daß sie hinüber wär. — So
endigte meine gute Mutter, und alle sagen: Wenn einen
der gute Gott lieb hätte, so möchte er ihm einen so
schönen, leichten, erhebenden Tod geben, wie ihr. Sanft
war sie hinübergeschlummert, und als wenn dieser Tod
auch nicht die kleinste Widrigkeit an sich haben sollte,
roch ihre Leiche selbst eine Stunde vor ihrem Begräbnis,
wo wir den Sarg erst zumachen ließen, nicht im min=
desten, und man hätte stundenlang in stiller Ruhe bei ihr
am Sarg sitzen können. Auch hatte der Tod sie ver=
schönert: die Haut war weißer geworden, die Falten ge=
glättet, und der schöne Oberkopf trat so edel hervor,
nur der Mund war wegen Zahnmangel eingefallen. —
Julius — der allerdings in ihr nicht nur die Mutter,
sondern gewissermaßen die Lebensgefährtin verliert — war
sehr außer sich, obgleich er an sich hielt was er konnte.
Ich ging den Sonntag mit ihm nach Hause und wir
schliefen in der grünen Stube — in der ersten von der
Saaltüre. — Die Mutter lag in der mittelsten blauen,
und ich lag die Nacht Wand an Wand mit ihr, sanft
und lieb an sie denkend schlief ich — wenn auch etwas
unruhig und aufgeregt — aber ohne das mindeste Grauen
ein. Früh, als ich noch zu schlafen schien, hörte ich den
armen Julius laut schluchzen, und da sah ich, wie tief
es ihn ergriff. Er war so gewohnt mit der Mutter zu

leben, sich mit ihr zu streiten auf kurze Zeit, aber wenn
er zu Hause kam, wußte er sie doch immer da, er hatte
noch ein Vaterhaus, jetzt steht er allein, der Arme. —
Nun kommen so viele Erinnerungen, die ihm die Liebe
der Mutter zeigen, und zerreißen sein Herz. Oft erzählte
er mir, daß sie in der letzten Zeit immer ängstlicher als
sonst gefragt hätte: „Ist denn mein Sohn noch nicht zu
Haus? — Wann kommt er denn?" etc., und einige
Tage vor ihrer Krankheit war sie ihm, als er einmal
ausging, nachgegangen bis an die Saaltüre, und fiel ihm
plötzlich weinend um den Hals. „I Mütterchen, was
ist Dir denn?" sagte Julius. „Ach, lieber Julius, mir
ist jetzt immer, wenn Du fortgehst, als säh ich Dich nicht
wieder." — Solche und andere Außerungen der Art, die
wohl bekunden, daß sie eine Vorahnung ihres Todes
schon geraume Zeit mit sich herumgetragen, tauchen jetzt
alle in seiner Erinnerung auf und erfüllen ihn mit Liebe
und Schmerz. — Auch ich habe ihr reichlich den Zoll
schmerzlicher Liebestränen gebracht, denn sie war eine
gute Mutter, die stets nur für ihre Kinder gelebt hatte,
für keine sonstigen Freuden der Welt, und auch in den
letzten sechs bis acht Jahren, wo sie stumpfer wurde,
lebte sie ja im stillen nur in geistiger Gesellschaft ihrer
Kinder und Enkel, wenn sie mit ihren Gedanken in ihrer
einsamen Stube saß. Früher war sie eine tätige und
geistige Frau, durchaus nicht ohne Genialität, ihr Sinn
für Kunst= und Naturschönheiten und ihr richtiges Urteil
hat mich oft überrascht. Neben diesem war sie auch von
einer wirklich hohen Religiosität, einfach ohne alle Schein=
oder Werkheiligkeit. Sie ging nicht in die Kirche, aber

die Erhabenheit der Natur, der Adel in den höchsten
Geisteswerken des Menschen machten den tiefen religiösen
Eindruck auf sie, der sie weit für die kirchlichen Gebräuche
entschädigte, und sie Gott erkennen ließ. So war auch
ihr Tod ein heiteres, herrliches, in Gott ergebenes Dahin=
scheiden, wenn auch kein Priester bei ihr stand. — Sanft
ruhe ihre Asche, ihr Andenken bleibt jung und schön in
unserem Herzen, vielleicht — sehen wir uns einst wieder.
Gott schenke auch mir und uns allen solch schönen Tod.

Wenn sie übrigens hätte herabschauen, und die Beweise
der Liebe und Achtung, die man ihr gezollt, sehen können,
würde sie sich gewiß gefreut haben. An zehn Kränze
und drei schöne Palmen hatte ihr Sarg, von vielen ge=
sandt, und niemand schloß sich aus sie zu begleiten, selbst
Schlotter sagte: „Wenn Sie mir es nicht hätten sagen
lassen, würde ich mir es ausgebeten haben, sie zu be=
gleiten, denn ich bilde mir ein, mit ein Stückchen zur
Familie zu gehören".

Nachdem ich zum Dienstag nach Dresden den Tag
der Beerdigung gemeldet, kam Richard Dienstag abends
in Leipzig an, indem ihn mein Brief, der ihm sagte,
daß Mutter so schön im Tode aussäh, dazu bestimmt,
sie noch einmal zu sehen. Er war sehr ergriffen, und
der alte Richard war wieder ganz da, der ja früher seine
Mutter so lieb hatte. — Ich sah die Mutter zuerst
den Montag morgen, wo sie noch ganz so im Bett lag
oder halb saß, wie im Leben, da war's ganz mein gutes
altes Mutterchen. Nachher im Sarg hatten sie ihr ihr
schwarzes Kleid, weißes Hemdchen mit ihrer kleinen Lieb=
lingsbrosch — eine weiße Haube mit weißem Atlasband

angezogen und ihr einen Blumenstrauß in die Hand ge=
geben. Melei hatte noch einen Strauß mit, scheint es,
selbst verfertigtem kleinen Gedicht geschickt, den legten wir
ihr noch in den Schoß. Mittwoch den 12. früh halb
11 Uhr ging der Zug ab — begleitet von fünf Wagen
und sechzehn Personen. — Marbach war so freundlich
gewesen, uns seinen schon abgesteckten Platz neben Ro=
saliens* Grab zu geben, er selbst kann auf Rosalien
drauf kommen, und das war mir sehr lieb, so liegen
jetzt Mutter, Rosalie und die alte Tante Wagner dicht
beisammen. Ich sah so lange in die Grube, bis der
Sarg bedeckt war und heiße Schmerzens= und Liebes=
tränen flossen in ihr Grab. — Andern Tages wan=
derte ich durch dicken Schnee noch einmal hin, und es
sah gar wunderbar schön aus, wie aus dem frischen
dicken Schnee hervor die schönen Blumen, Bänder und
Pomeranzen blitzten. Da sagte ich ihr Lebewohl, aber
noch manchmal, wenn ich komme, werde ich an den ver=
einten Gräbern der Geliebten stehen! — —

Behalte mich lieb und schreibe mir hübsch.
Mit Liebe und Sorgfalt

Dein tr. Vater

A. Wagner.

* Rosalie Marbach, Schwester Wagners.

Tu solus sanctus

A. Ritter.

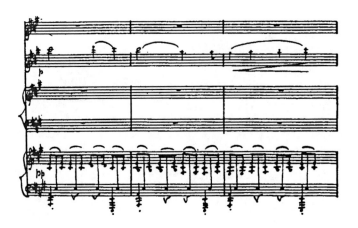

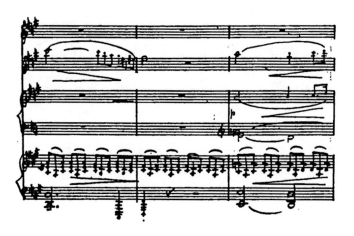

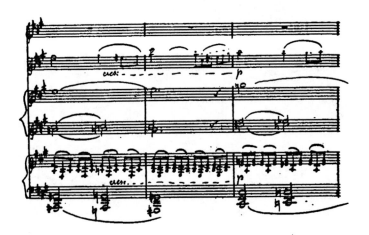

ig nem   in i - is ac - cen - de!

Veröffentlichte Kompositionen
von Alexander Ritter.

1. Quartett für zwei Violinen, Viola, Violoncell, op. 1. E. W. Fritzsch, Leipzig.

2. „Schlichte Weisen", fünf Gedichte von Felix Dahn für eine Singstimme und Klavierbegleitung, op. 2. E. F. W. Siegels Verlag, Leipzig.
   1) „Du mein edles Blümlein".
   2) „Allem, was da Lust auf Erden bringet".
   3) „Bei dir muß ich mich aller Kunst".
   4) „Wer da sieht die Augen dein".
   5) „O Gott, wie soll ich singen".

3. „Fünf Charakterstücke" für Violine und Orgel, op. 3. J. Schuberth & Co., Leipzig.

4. „Liebesnächte", ein Zyklus ein- und zweistimmiger Gesänge für Sopran und Bariton mit Pianofortebegleitung, op. 4.
   1) „Sind endlich wir allein"   Carl Ritter.
   2) „Weil auf mir du dunkles Auge"   N. Lenau.
   3) „Aus deinen Augen blitzend klar strahlt Licht"   A. Stern.
   4) „Wie sehr ich dein soll ich dir sagen?"   N. Lenau.
   5) „Ließe doch ein hold Geschick"   N. Lenau.
   6) „Als wir uns noch nicht verstanden"   Nach A. v. Leuthrum.
   7) „Es ist, als hätte der Himmel"   v. Eichendorff.
   8) „Nun hält Frau Minne Liebeswacht"   A. Ritter.
   9) „Zünde nur die Opferflamme"   Rückert.
   10) „Nicht mit Armen dich umschlingen"   Rückert.
   11) „Wohlbin ich nur ein Ton"   N. Lenau.

5. „Sechs Gesänge" für eine Singstimme und Klavierbegleitung, op. 5. F. Ries, Berlin.
   1) „Ich möcht' ein Lied dir weih'n"   Peter Cornelius.
   2) Neid der Sehnsucht   N. Lenau.
   3) Nie zurück   N. Lenau.
   4) Gebet   Hebbel.
   5) Zweierlei Vögel   N. Lenau.
   6) Möwe   Rich. Pohl.

6. „Drei Lieder" für eine Singstimme und Klavierbegleitung, op. 6. Robert Forberg, Leipzig.
   1) Liebes-Jubel   Rich. Pohl.
   2) Meine Rose   N. Lenau.
   3) Die Wundervolle   Felix Dahn.

7. „Drei Lieder" für eine Singstimme mit Begleitung des Pianoforte, op. 7. Robert Forberg, Leipzig.
   1) „Ich weil' in tiefer Einsamkeit"   Peter Cornelius.
   2) Das Flüchtige   Felix Dahn.
   3) In Lust und Schmerzen   ,   Peter Cornelius.

8. „Belsazar", Ballade von Heinrich Heine für Bariton mit
Klavier, op. 8. A. Ritter, Würzburg.

9. „Drei kleine Lieder" für eine Singstimme mit Begleitung des
Pianoforte, op. 9. Robert Forberg, Leipzig.
   1) Welke Rose   N. Lenau.
   2) Fragen   Rich. Leander.
   3) Gute Nacht   Betty Paoli.

10. „Drei Lieder" für eine Singstimme mit Begleitung des Pianoforte, op. 10. M. Leichsenring.
   1) März   Ad. Stern.
   2) Sternen-Ewig   Felix Dahn.
   3) „Keine gleicht von allen Schönen"   Byron (Gildemeister).

11. „Der faule Hans", Oper in einem Akt. Fr. Kistner, Leipzig.

12. „Drei Gedichte" für eine Singstimme mit Begleitung des
Pianoforte, op. 12. Fr. Kistner, Leipzig.
   1) Der Kranich   N. Lenau.
   2) Erklärung   H. Heine.
   3) Im Alter   Fr. Rückert.

13. „Drei Fantasiestücke" für Klavier, Harmonium und Violine oder
Violoncell. Carl Simon, Berlin.
   1) Abendlied in D dur.
   2) Nachtstück in C dur.
   3) Morgenlied in A dur.

14. „Wem die Krone", Oper in einem Akt. Jos. Aibl, München.

15. „Fünf Gedichte" von Peter Cornelius für eine Singstimme
mit Klavierbegleitung, op. 16 Jos. Aibl, München.
   1) „Verschlung'ne Wurzeln".
   2) „Stimm's mit!"
   3) Treue.
   4) Mit einem Strauß.
   5) Buntes Treiben — wirre Welt!

16. „Zwei Gedichte" von Nic. Lenau für eine Singstimme mit
Klavierbegleitung, op. 17. Jos. Aibl, München.
   1) Heimatklang.
   2) Mahnung.

17. „Benedictus" für eine Singstimme und Orgelbegleitung, op. 18. Jos. Aibl, München.

18. „Primula veris" I. u. II. Zwei Gedichte von Lenau für eine Singstimme und Klavierbegleitung, op. 19. Jos. Aibl, München.

19. „Fünf Lieder" für eine Singstimme mit Klavierbegleitung, op. 20. E. W. Fritzsch, Leipzig.

1) An die Mutter	J. Emil Rothenbach.
2) Odem der Liebe	J. Emil Rothenbach.
3) Im Haselstrauch	Carl Stieler.
4) Trostlied	L. Althaus.
5) „Ich hör' meine alten Lieder"	Betty Paoli.

20. „Fünf Lieder" für eine Singstimme mit Klavierbegleitung, op. 21. E. W. Fritzsch, Leipzig.

1) Im Sturm	Carl Stieler.
2) Zum Abschied	Carl Stieler.
3) Sehnsucht nach Vergessen	N. Lenau.
4) Blick in den Strom	N. Lenau.
5) Todesmusik	J. Schober.

21. „Olafs Hochzeitsreigen", Symphonischer Walzer für großes Orchester. Partitur. Klavierauszug zu vier Händen, op. 22. Jos. Aibl, München.

22. „Sursum corda!" Eine Sturm- und Drangphantasie für großes Orchester. Partitur. Klavierauszug zu vier Händen, op. 23. Jos. Aibl, München.

23. „Graf Walther und die Waldfrau", Ballade von Felix Dahn, mit melodramatischer Klavierbegleitung. Bearbeitung für Orchester von Siegmund von Hausegger, op. 24. Max Brockhaus, Leipzig.

24. „Wohl bin ich nur ein Ton" (aus den „Liebesnächten", op. 4), gesetzt für achtstimmigen, gemischten Chor a capella. B. Schotts Söhne in Mainz.

25. „Tonstück" für Viola alta und Pianoforte (nachgelassenes Werk), herausgegeb. v. Hermann Ritter. Jos. Aibl, München.

Unveröffentlichte Kompositionen
von Alexander Ritter.

1. „Im Eichwald", von Alexandra von Schleinitz, für Frauen-chor mit Orchester.

2. „Zum 13. Februar", Chor mit Orchester (zum Gedächtnis R. Wagners).

3. „Hymne an das Licht", für Chor, Soli, großes Orchester und Orgel (Dichtung von Karl Ritter).

4. „Ewige Sehnsucht", von Rich. Pohl, für Frauenchor mit Kla-vierbegleitung.

5. „Singet keine Klagelieder", von E. Ritter, für Frauenchor mit Klavierbegleitung.

6. „O Frauenschönheit", von N. Lenau, für gemischten Chor a capella.

7. „Quintett" für Klavier, zwei Violinen, Viola und Violoncell.

8. „Tu solus sanctus", Religiöser Gesang für eine Frauenstimme, Violine, Harmonium und Klavier. (Siehe Seite 144 und ff.)

9. „Erotische Legende" für großes Orchester.

10. „Karfreitag und Fronleichnam", zwei Orchesterstücke.

11. „Kaiser Rudolfs Ritt zum Grabe", symphonische Trauer-musik für großes Orchester.

12. „Frühlingston", von Lenau, für eine Singstimme mit Kla-vierbegleitung.

CPSIA information can be obtained at www.ICGtesting.com
Printed in the USA
BVOW03s2249201014

371639BV00027B/549/P